CES FILLES SYMPAS QUI SABOTENT LEUR CARRIÈRE

Les 101 pièges à éviter

L'édition originale de cet ouvrage a été publiée aux États-Unis par Warner Books, New-York, sous le titre *Nice Girls Don't Get The Corner Office*.

Mise en pages : Istria
Traductrice : Laurence Nicolaieff

ISBN 978-2-7440-6333-6

Lois P. Frankel

CES FILLES SYMPAS QUI SABOTENT LEUR CARRIÈRE

Les 101 pièges à éviter

Traduit de l'anglais (États-Unis)
par Laurence Nicolaieff

PEARSON

Table des matières

Introduction

Le présent ouvrage résume mon expérience de presque vingt-cinq ans en tant que coach, formatrice, spécialiste des ressources humaines et psychothérapeute. Il dresse l'inventaire des principaux pièges que les femmes engagées dans la vie active doivent éviter pour réussir leur carrière et offre en parallèle une série de conseils destinés à corriger les attitudes négatives qui les empêchent de réaliser pleinement leur potentiel.

Si j'ai pris soin de modifier les identités pour des raisons de confidentialité, les comportements décrits et les exemples qui les illustrent correspondent à des faits réels. Quant aux conseils figurant à la fin de chaque section, ils sont directement inspirés de ceux que je prodigue aux femmes qui me font l'honneur de solliciter mes services. En les mettant en pratique, nombre de mes clientes ont obtenu la promotion à laquelle elles aspiraient, l'augmentation de salaire espérée, le poste dont elles rêvaient. Certaines ont gagné, grâce à eux, l'estime de leurs supérieurs et de leurs pairs, d'autres ont acquis suffisamment de confiance en elles pour fonder leur propre entreprise. C'est à l'éclat de leur réussite personnelle et professionnelle que je mesure l'efficacité de mon travail.

Je souhaiterais apporter une précision qui s'impose : ce livre ne concerne pas toutes les femmes. Certaines, en effet, sont parvenues à dépasser les comportements stéréotypés qu'elles ont hérités de leur enfance et agissent en adultes autonomes la plupart du temps (personne ne peut se conduire de manière souveraine *tout* le temps.)

Vous faites peut-être partie de celles qui ont inventé un mode de communication et de conduite original ou qui ont assimilé le modèle masculin en l'adaptant, et qui estiment avoir atteint leurs objectifs professionnels. Dans ce cas, les conseils proposés dans ces pages viendront simplement compléter les connaissances et le savoir-faire que vous possédez déjà. Je me contenterai donc de vous encourager à poursuivre dans votre propre voie.

D'autres femmes ont voulu emprunter le même chemin et, dans leur tentative d'émancipation, se sont heurtées à l'incompréhension de leur entourage (hommes et femmes confondus). Si vous entrez dans cette catégorie, ce livre vous apparaîtra comme l'antithèse du but que vous recherchez et ne vous sera d'aucun secours. Ne vous découragez pas cependant. Parmi les myriades d'ouvrages disponibles sur le marché, il en existe qui répondent certainement à vos attentes.

Comment savoir si ce livre vous apportera une aide efficace ? Rien n'est plus simple : parcourez la liste des dix affirmations ci-dessous et indiquez celles qui se vérifient la plupart du temps :

_____ Beaucoup de gens vantent mon professionnalisme.
_____ J'ai la réputation d'être quelqu'un de fiable.
_____ Je parais sûre de moi.
_____ On me dit souvent que je suis compétente.
_____ Chaque fois que je prends la parole, l'auditoire trouve mes propos intelligents.
_____ Je m'exprime de manière directe.
_____ Ma façon de parler reflète la clarté de ma pensée.
_____ Je maîtrise les règles du jeu du monde du travail
_____ Ma caractéristique essentielle est d'avoir confiance en moi.
_____ Mes actes témoignent de ma capacité à vendre mon image et ma compétence.

Si vous avez coché les dix propositions, n'hésitez pas à prendre la plume pour donner la recette de votre réussite. Mais si, sur sept affirmations, aucune ne s'applique à votre cas, cet ouvrage a été conçu pour vous. Les points énumérés ici constituent autant de critères à satisfaire pour réussir sa vie professionnelle, que l'on soit un homme ou une femme. Cependant, il en est certains qui concernent plus spécialement des domaines dans lesquels les femmes cherchent à progresser. Tout au moins si j'en juge par mon expérience de coach. La plupart de mes clientes n'éprouvent pas la nécessité de travailler sur tous ces domaines à la fois ; elles sélectionnent en général deux ou trois objectifs prioritaires (certaines préfèrent cependant les aborder tous).

Au cours de la rédaction de ce livre, j'ai eu l'occasion d'évoquer son contenu avec une jeune femme que j'avais suivie pendant six mois. Elle me suggéra : « Répétez tout simplement à vos lectrices le conseil que vous m'avez donné : "cessez de vous conduire en petite fille". » Ce sont en effet les mots précis que j'emploie depuis plus de vingt ans à l'adresse des femmes qui me consultent, quels que soient leur âge et le stade de leur carrière. Je les ai prononcés face à mes patientes en tant que psychothérapeute et les ai réitérés avec d'autant plus d'insistance par la suite lorsque j'ai débuté mon activité de conseil en développement personnel. Dans les entreprises, les petites filles dociles et bien élevées arrivent rarement jusqu'au fauteuil de PDG.

Dans le secret de mon cabinet de psychothérapeute et dans les entreprises où je consulte en tant que coach, j'écoute depuis plus de vingt-cinq ans des femmes se plaindre qu'on les oublie lors des promotions et qu'on ignore délibérément leurs suggestions. Je les observe pendant les réunions de travail. Toutes celles qui se sentent désavouées présentent un point commun, une manière identique de vivre la situation dévalorisante et d'y réagir. Je les entends et je les vois ruiner leur crédibilité et saboter leur carrière en toute innocence. Elles ne doivent leurs échecs qu'à elles seules.

Constater que mes patientes et mes clientes adoptent des attitudes autodestructrices ne me suffisait pas. J'ai voulu savoir pourquoi. Comment expliquer que des femmes intelligentes et efficaces agissent de manière aussi préjudiciable à leur ascension professionnelle (voire nocive pour leur santé mentale) ? Dans l'exercice de mon activité à la rencontre de milliers d'hommes et de femmes, à force d'interroger et de chercher à comprendre, j'ai fini par trouver la réponse. Dès leur plus jeune âge, on élève les filles dans l'idée que leur bonheur et leur réussite d'adulte dépendent du respect de stéréotypes : il faut se montrer polie et docile, parler d'une voix douce et être attentive aux autres. Tout au long de leur vie, les médias, la famille et la société se relaient pour marteler ce message. Les femmes ne détruisent pas leur existence de manière consciente ; elles se contentent seulement d'appliquer les préceptes de leur éducation.

Leurs tentatives pour se libérer de cette pression sociale sont tournées en ridicule, suscitent la désapprobation et le mépris. De la sollicitude de la mère de famille prévenant sa fille que « les garçons n'aiment pas les filles qui parlent trop fort » à la réaction du mari face à l'accès de colère de son épouse (« Qu'est-ce qui t'arrive ? Ce sont les mauvais jours du mois ? »), les femmes sont constamment rappelées à l'ordre et priées de se conformer au modèle qui leur a été inculqué dans l'enfance. À la longue, elles comprennent qu'il est moins douloureux de se conduire « en petite fille bien élevée » que d'adopter des comportements seyant à une femme adulte (alors même qu'ils sont tolérés, voire favorisés, chez les garçons et les hommes). En conséquence, les femmes continuent à agir comme des fillettes longtemps après qu'elles ont cessé de l'être. Ainsi, lorsque j'incitais ma cliente à arrêter « de se conduire en petite fille », je lui signifiais ceci : « Vous ne devez pas nécessairement reproduire le modèle que l'on vous a enseigné. Vous êtes libre de vos choix. Apprenez à assumer votre rôle de leader. »

Est-ce à dire que les préjugés sexistes n'existent plus dans le monde du travail ? Il n'en est rien. À qualification égale, une femme continue à gagner 72 % du salaire perçu par son *alter ego* masculin ; elle doit fournir deux fois plus d'efforts pour que ses supérieurs admettent du bout des lèvres qu'elle est presque aussi professionnelle que son collègue de sexe masculin et on pense moins souvent à elle lorsqu'il s'agit de nommer un cadre à un poste de direction. En matière d'évaluation des compétences, les femmes obtiennent des scores inférieurs à ceux des hommes. En effet, sur les mille premières entreprises du monde, onze seulement ont une femme à leur tête. Telle est la réalité sans fard. Après toutes ces années consacrées à ausculter le monde du travail, mon indignation ne diminue pas. Nous pouvons certes rationaliser, défendre, déplorer cet état de fait ou l'accepter et nous en accommoder. Mais vouloir à toute force analyser, comprendre et regretter la situation ne nous permet pas de progresser. Ce ne sont que de piètres excuses pour justifier notre immobilisme.

Quels que soient les événements de notre vie, il nous appartient de leur apporter une réponse. C'est en ceci que s'exerce notre liberté de décision. Les dés ne sont pas jetés d'avance. Il ne sert à rien de vouloir changer les autres car cela relève de l'illusion. Nous devons plutôt élaborer nous-mêmes la réponse appropriée. En tant que femmes ayant une part active dans le monde du travail, nous disposons de l'alternative suivante : suivre ce que les autres exigent et attendent de nous, ou nous affranchir de leur emprise et prendre le pouvoir en devenant ce que nous sommes.

Certains prétendent que le terme « pouvoir » est périmé et usé. Je ne partage pas cet avis. Ceux qui parlent d'usure sont généralement ceux qui détiennent le plus de pouvoir. La critique est facile ! Craignant de devoir partager leur puissance et leur influence, ils en minimisent l'importance dans le monde du travail et dans la vie sociale. Nous avons là affaire à un cas classique de désir de maintien du *statu quo*. Parce qu'ils refusent de céder la moindre parcelle de leur prérogative, ils dénient aux autres toute aspiration au pouvoir. Je le revendique haut et fort : ce livre traite du pouvoir de l'individu sur lui-même, de ce pouvoir qu'il acquiert en exerçant son autonomie.

Alors que d'autres ouvrages prétendent seulement aider les lectrices à identifier leurs domaines de développement potentiel ou énumèrent les facteurs clés de la réussite, ce livre va plus loin. Il ne s'arrête pas à la première étape qui est la prise de conscience de la nécessité de changer. Il offre des conseils pratiques, dont l'efficacité en termes de progression professionnelle a pu être vérifiée par un grand nombre de femmes. Les modes de comportement qui convenaient à l'enfant que vous étiez ne sont plus de mise pour l'adulte que vous êtes devenue et risquent de ralentir, de bloquer votre carrière, voire même de la dévier de sa trajectoire naturelle. Contrairement à ce que d'aucuns voudraient faire croire, on ne réussit pas sa vie professionnelle en imitant les hommes mais en agissant comme une femme adulte et non comme une petite fille. À supposer que vous ne sélectionniez que 10 % des conseils proposés dans ce livre (qui en compte plus de 300) et que vous les appliquiez au quotidien, l'investissement en vaut la peine.

Comment exploiter ce livre de manière optimale

Cet ouvrage recense 101 pièges qui pèsent sur la vie professionnelle des femmes. Certes, elles ne tombent pas dans tous mais dans une bonne partie d'entre eux. Des années passées au service de l'entreprise m'ont permis de constater que le nombre de pièges auxquels on succombe est inversement proportionnel à la progression d'une carrière. Je conseille de débuter par le test d'auto-évaluation proposé dans le Chapitre 1. Il permet de débusquer en chacune de nous ces attitudes défaitistes dont il est vital de se débarrasser.

À l'issue de l'auto-évaluation, je vous invite à vous reporter directement aux types de comportements qui reviennent le plus fréquemment. À chaque piège répertorié sur la page de gauche correspond sur la page de droite une série de conseils. Comme je l'ai indiqué précédemment, les indications formulées dans ces pages reprennent exactement mes recommandations aux clientes qui viennent me consulter. Je peux donc témoigner de leur efficacité. Mais, comme dans le cas d'un régime alimentaire, le résultat dépend essentiellement de la persistance et de la régularité de l'application.

Dans l'espace ménagé au bas de la page de conseils, vous indiquerez celui que vous envisagez de mettre en pratique pour modifier une attitude préjudiciable. Quand vous aurez terminé la lecture de ce livre, vous vous reporterez à l'ensemble pour compléter le plan de développement personnel proposé en annexe. Afin de ne pas compliquer inutilement les choses, il s'avère préférable de sélectionner un comportement à améliorer chaque semaine et de se concentrer sur les moyens de parvenir à l'objectif en fonction des conseils fournis. Le fait de traiter séparément chaque erreur commise permet de mieux prendre conscience à la fois de sa fréquence, de la manière dont elle se manifeste et de ses répercussions. Il s'agit ensuite d'aborder la seconde étape du processus de changement, qui consiste à substituer au comportement nuisible une attitude plus positive. Amie lectrice, à vous de jouer maintenant. Votre réussite dépend de vous. Il suffit que vous décidiez d'agir comme la femme adulte qui sommeille en vous et de ranger définitivement au magasin des accessoires le rôle de petite fille modèle imposé par votre éducation.

Chapitre 1

Pour démarrer

Voici le premier conseil que je vous donne : *ne vous lancez pas dans la lecture de ce livre sans savoir ce que vous en attendez pour vous-même.* Faute de quoi, vous finirez par vous imaginer que tous les pièges vous guettent, ce qui n'est probablement pas le cas. Vous possédez plus de capacités de défense que vous ne le pensez. Comme la plupart des femmes, vous portez sur vous-même un regard particulièrement critique et vous vous sous-estimez. J'explique souvent à mes clientes qu'il est plus facile de modifier son comportement lorsque l'on en connaît l'origine et le motif. Car tout comportement sert un objectif précis – prenez le temps de réfléchir maintenant aux motivations qui gouvernent votre conduite.

Je souhaiterais tout d'abord vous démontrer et surtout vous persuader que *les erreurs qui vous empêchent d'atteindre vos objectifs professionnels ou de réaliser votre potentiel ne sont pas dues à de la stupidité ou à de l'incompétence* (même si quelques âmes mal intentionnées cherchent à vous convaincre du contraire). Elles proviennent tout simplement d'attitudes inadaptées, liées à l'éducation féminine. Une fois passée la période de l'enfance, personne ne nous dit, à nous les femmes, que nous avons le droit d'agir autrement et nous n'osons pas nous démarquer des habitudes acquises. Parce que personne ne nous y encourage ou parce que nous ignorons les alternatives offertes, nous ne développons pas en nous des attitudes plus conformes à notre personnalité de femme adulte.

Mon activité de coach dans des entreprises de tous types et du monde entier m'a permis d'observer que certaines personnes connaissent une progression de carrière régulière, alors que d'autres stagnent et n'atteignent pas le niveau hiérarchique qu'elles mériteraient. Si une bonne partie des pièges menacent indifféremment les salariés des deux sexes, certains concernent plus particulièrement les femmes. Sous toutes les latitudes, à Jakarta comme à Oslo, à Prague, à Francfort, à Wellington ou à Detroit, les femmes engagées dans la vie active reproduisent les mêmes fautes. Que celles-ci semblent plus exacerbées à Hong Kong qu'à Houston joue un rôle mineur : ce sont autant de variations sur un même thème. Comment puis-je affirmer qu'il s'agit d'erreurs et non de manquements ou de défauts graves ? Une réalité s'est rapidement imposée à moi : dès que les femmes en prennent conscience et modifient leur attitude en conséquence, leur trajectoire professionnelle prend un essor qu'elles-mêmes n'auraient osé envisager...

Pourquoi, dans ces conditions, les femmes se réfugient-elles dans un comportement propre à l'enfance que personne n'exige plus d'elles ? Pour une raison parmi tant d'autres : on leur a enseigné que, même à l'âge adulte, il peut se révéler profitable de se conduire comme une petite fille. Par rapport aux garçons, les filles bénéficient de traitements de faveurs. On ne leur demande pas de se défendre ou d'assurer leur existence – d'autres s'en chargent à leur place. Soyez gentilles et polies et tout le monde sera ravi. Voilà le conseil que l'on donne aux petites filles. Qui voudrait déroger à ce précepte au risque de déplaire ?

Les vertus et le bonheur de l'état de fille sont exaltés dans toutes les chansons populaires. Comment ne pas se réjouir d'être une fille, alors que tout le monde vous aime en tant que telle ? Les hommes veulent vous protéger. Câlines ou mignonnes, minces ou bronzées, les filles n'exigent pas grand-chose. Elles se contentent d'être là, de vous entourer de leur présence affectueuse comme de gentils animaux familiers.

Il est certes moins compliqué d'être une fille, une petite fille, qu'une adulte. Les filles ne sont pas obligées d'assumer leur destinée. Elles évoluent à l'intérieur d'un ensemble limité de choix et d'attentes. D'où une raison supplémentaire de persister dans des attitudes infantiles pourtant préjudiciables ; nous ne sommes pas capables de voir et d'agir au-delà de la sphère d'influence fixée par notre éducation. Ne nous a-t-on pas maintes fois répété qu'il pouvait se révéler dangereux de dépasser les bornes ? Toute fille qui s'arroge le droit de transgresser cette loi implicite se voit immédiatement qualifiée du surnom de « garçon manqué » ou, pis encore, de « garce ». En fin de compte, n'est-il pas plus commode d'adopter une conduite qui ne heurte pas les conventions sociales ?

Ce cercle vertueux engendre cependant un vrai problème. À force de construire notre existence en fonction des désirs d'autrui, nous ne la vivons pas dans toute sa plénitude. De quelle manière se traduit cette volonté de vivre comme une petite fille et non comme une femme adulte ? Nous sélectionnons des modes de comportement en phase avec ceux que l'on attend de nous au lieu de privilégier ceux qui nous mèneraient à l'épanouissement et à l'accomplissement personnels. En d'autres termes, nous ne vivons pas notre vie consciemment mais par réaction. Nous atteignons la maturité physique mais restons immatures sur le plan émotionnel. Si elle nous libère de manière éphémère des pesanteurs de la réalité, cette échappatoire nous empêche de maîtriser notre destin.

Ainsi que je l'ai indiqué dans l'introduction, mon activité de consultant, de coach et de formatrice m'a permis de constater à quel point les attitudes héritées de l'enfance freinent le développement des carrières féminines. Par leur répugnance à faire état de leurs capacités, par leur hésitation à prendre la parole en public et par l'acharnement au travail qui ne leur laisse pas le loisir de cultiver les relations indispensables à leur réussite future, les femmes laissent passer les occasions d'être promues ou d'occuper des postes prestigieux et rémunérateurs. Ces comportements se marquent avec d'autant plus de netteté dans les sessions de formation réunissant des participants des deux sexes. Dans une même entreprise, il m'est arrivé d'organiser des ateliers réservés à un public féminin et des programmes de développement du leadership destinés à des groupes mixtes. Des femmes qui défendaient avec force leurs convictions lorsqu'elles se trouvaient avec leurs consœurs perdaient leur assurance, devenaient passives et se montraient réticentes à s'exprimer dès qu'il y avait des hommes dans l'assistance.

Le cas de Sonia

Je souhaiterais citer l'exemple d'une de mes clientes, qui me confia son amertume de ne pas avoir obtenu une réussite professionnelle plus éclatante. Sonia était responsable des achats dans un groupe pétrolier de premier plan. Après plus de douze ans passés dans l'entreprise, elle commença à exprimer sa déception de ne pas avoir gravi aussi vite les échelons que ses collègues masculins qui possédaient la même ancienneté. Sonia était convaincue que sa carrière plafonnait en raison de préjugés sexistes mais n'avait jamais envisagé qu'elle pouvait elle-même être responsable de la situation dont elle se plaignait. Avant de débuter la session de coaching individuel prévue, j'avais eu la possibilité de l'observer au cours de réunions avec ses pairs.

Lors de la première rencontre, j'avais remarqué cette jolie jeune femme aux cheveux blonds, à la silhouette délicate et aux yeux bleus. De ses origines texanes elle avait conservé l'accent traînant du Sud et avait l'habitude charmante de pencher légèrement la tête et de sourire en écoutant les autres. Sa présence illuminait la pièce mais elle me faisait songer à ces majorettes gaies, vives et chaleureuses qui encouragent les équipes sportives. Elle accueillait les discours de ses collègues par un hochement de tête et un sourire bienveillant. Lorsqu'elle-même prenait la parole, elle utilisait des expressions vagues telles que « peut-être devrions-nous considérer que… », « cela est probablement dû à… » et « ne pourrions-nous pas… ». Certes on ne pouvait l'accuser d'agressivité mais il ne serait venu à l'idée de personne de lui confier un poste de décision.

Après plusieurs réunions qui me fournirent l'occasion d'étudier son attitude vis-à-vis de ses *alter ego*, nous finîmes pas nous retrouver pour une consultation au cours de laquelle nous devions analyser le déroulement de sa carrière. D'après son apparence physique, son maintien et la façon dont elle s'exprimait en public, j'évaluais son âge à 30 ou 35 ans environ. Je fus abasourdie lorsqu'elle avoua 47 ans et vingt années d'expérience au service des achats. Pas un instant je n'avais imaginé son âge réel ni son degré d'ancienneté dans l'entreprise. Et je n'étais certainement pas la seule dans ce cas ! À son insu, Sonia se comportait en accord avec le mode de socialisation dont elle avait bénéficié. Elle avait reçu de tels signaux positifs dès l'origine qu'elle ne comprenait pas la nécessité de modifier son approche du monde et des gens. La jeune femme était victime du syndrome de la petite fille. À son entrée dans l'entreprise, ce comportement avait favorisé son intégration et son avancement. Mais il n'était plus adapté à sa situation actuelle et constituait une entrave à l'obtention de postes plus ambitieux. Ses supérieurs hiérarchiques, ses collègues et, de manière générale, tous ses interlocuteurs partageaient le même avis : Sonia est une personne délicieuse, travailler avec elle constitue un plaisir mais personne ne l'imagine capable d'assurer de lourdes responsabilités ni de mener à bien des projets à haut risque. Puisque Sonia se comportait comme une petite fille, tout le monde la traitait en tant que telle. Bien que consciente de la nécessité de changer pour réaliser ses ambitions, elle ne savait cependant quelle direction emprunter.

J'appris incidemment qu'elle était la plus jeune d'une famille de quatre enfants et la seule fille de la fratrie. Adulée par son père et surprotégée par ses frères, elle découvrit très tôt que sa condition de fille représentait un avantage qu'elle utilisa d'ailleurs sans vergogne. En grandissant, elle persévéra dans ce comportement typiquement féminin puisqu'il lui permettait d'obtenir tout ce qu'elle souhaitait. Sonia était l'élève préférée de ses professeurs et la camarade dont on recherchait la compagnie. Parvenue à l'âge adulte, en l'absence d'autre modèle, elle continua à reproduire ces stéréotypes, croyant ainsi réussir à décrocher le poste de vice-président qu'elle convoitait.

La petite fille qui se cache en nous

Bien que l'exemple de Sonia et de sa stratégie de petite fille modèle nous frappe par son outrance, nous nous retrouvons toutes à des degrés divers dans ce portrait. Nous jouons un rôle qui nous a été inculqué dans l'enfance et nous ne passons jamais complètement du stade de petite fille à celui de femme adulte. En tant qu'éducatrices, compagnes, collaboratrices, nous cherchons davantage à réaliser les désirs des autres qu'à faire valoir nos aspirations. Et nous nous enfermons dans une logique infernale. Car lorsque nous décidons enfin de rompre avec les habitudes pour choisir la maturité et l'autonomie, nous nous heurtons à diverses formes de résistance plus ou moins subtiles, visant à nous remettre dans le droit chemin. Des réflexions du style « tu es si mignonne quand tu te mets en colère », « qu'est-ce qui t'arrives, tu as tes règles ? », ou « tu n'es jamais satisfaite, tu possèdes pourtant une situation enviable ! » sont destinées à nous maintenir dans ce rôle d'enfant gâtée.

Dès que quelqu'un met en cause notre féminité ou le bien-fondé de nos sentiments, nous battons en retraire au lieu de contre-attaquer. Nous en arrivons à nous interroger sur la validité de l'expérience que nous avons acquise. Entre le combat et la fuite, nous optons le plus souvent pour la dernière. Ce faisant, nous régressons vers l'infantilisme et mettons en danger notre amour-propre. Nous pactisons avec ceux qui veulent nous contraindre à réintégrer notre rôle de petite fille au lieu de nous aider à devenir des femmes. Assumons la responsabilité de notre échec quand nous ne parvenons pas à imposer nos désirs ni à aller au bout de nos possibilités. Eleanor Roosevelt déclarait fort justement : « Personne ne peut vous convaincre de votre infériorité sans votre consentement. » Ne consentez pas. Ne vous rendez pas complice de votre propre abaissement. *Cessez de vous conduire en petite fille irresponsable !*

Auto-évaluation

Le moment est venu maintenant d'évaluer les domaines dans lesquels vous devez progresser. Dans les pages suivantes, vous trouverez répertoriés les principaux types de comportements. À vous de déceler ceux qui s'avèrent dommageables pour la progression de votre carrière. Vous avez probablement déjà effectué vous-même cette démarche et modifié certaines de vos attitudes. Mais comme la majorité des femmes, vous y découvrirez des points faibles insoupçonnés qui méritent toute votre attention. Prenez le temps de compléter le questionnaire : il est suivi d'une feuille d'évaluation grâce à laquelle vous pourrez exploiter vos résultats. Et vous n'aurez peut-être pas besoin de lire ce livre en entier. Quelle chance !

Première leçon pour apprendre à travailler intelligemment et sans peine.

AUTO-ÉVALUATION

À l'aide de l'échelle de notation ci-dessous, indiquez dans quelle mesure chaque proposition s'applique à votre cas. Soyez honnête avec vous-même lorsque vous reporterez vos manières d'agir, de penser, de ressentir la plupart du temps ou dans la majorité des situations.

1. Rarement vrai
2. Parfois vrai
3. Presque toujours vrai

____ 1. Je n'hésite pas à infléchir les règles lorsque le résultat le justifie.

____ 2. Je n'éprouve aucun ressentiment à l'égard de ceux qui ne m'aiment pas en dépit de mes efforts pour établir de bonnes relations avec eux.

____ 3. Je me fixe des objectifs quotidiens réalistes.

____ 4. Je peux expliquer en moins de trente secondes quelle valeur j'apporte à mon entreprise.

____ 5. Lorsque je délivre un message sérieux, je ne l'accompagne pas d'un sourire.

____ 6. Quand j'ai une opinion, je l'expose franchement au lieu de la suggérer sous la forme d'une question.

____ 7. J'encaisse les rebuffades et fais savoir que je ne les apprécie guère.

____ 8. Je n'accepte pas que l'on me rende responsable des erreurs des autres.

____ 9. Je ne m'excuse pas chaque fois que je commets une faute sans gravité.

____ 10. Lorsque l'on me propose un délai que je sais ne pouvoir tenir, je négocie pour fixer une date plus réaliste.

____ 11. Si je réalise une performance excellente qui passe inaperçue, j'attire moi-même l'attention sur son caractère exceptionnel.

____ 12. Lorsque je m'assieds à une table de conférence, je pose les coudes sur la table et je me penche en avant.

____ 13. Le silence ne me gêne pas.

____ 14. Je m'estime aussi intelligente que n'importe qui.

____ 15. Je persévère dans mes convictions, y compris lorsqu'elles risquent de gêner les autres ou de les rendre malheureux.

____ 16. J'hésite à parler de ma vie personnelle au bureau.

____ 17. Avant d'effectuer une tâche, je réfléchis à la manière de l'aborder.

____ 18. Je privilégie les missions nouvelles qui me permettent de prouver mes capacités.

____ 19. J'ai choisi une coiffure en rapport avec mon âge et ma position.

____ 20. Je m'exprime avec clarté et concision.

____ 21. Si l'on me demande systématiquement de prendre des notes pour le compte rendu de réunion, j'oppose un refus ferme et poli.

____ 22. Je n'éprouve aucun sentiment de culpabilité quand mes propres contraintes m'empêchent de rendre service à quelqu'un qui me le demande.

____ 23. Je ne me sens pas responsable personnellement quand mes paroles blessent quelqu'un.

____ 24. Je sollicite volontiers les personnes auxquelles j'ai rendu un service ou auxquelles j'ai accordé une faveur particulière.

____ 25. Je suis toujours volontaire pour les missions susceptibles de rehausser mon image auprès de la hiérarchie.

____ 26. Je prends soin de porter des accessoires qui s'harmonisent avec mes vêtements.

____ 27. Je possède une voix au timbre clair et puissant.

____ 28. Quand une personne me traite avec injustice, je ne lui cache pas mes sentiments.

____ 29. Tous les jours, je consacre un certain temps à parler de choses et d'autres avec mes collègues.

____ 30. Je n'ai pas peur de réclamer une augmentation de salaire que j'estime méritée.

___ 31. Quelle que soit ma charge de travail, j'assiste aux réunions qui me donnent l'occasion de montrer mes talents.

___ 32. Je demande régulièrement aux autres de me donner leur avis sur mes réalisations.

___ 33. Je choisis ma garde-robe en fonction du poste que je veux obtenir et non de celui que j'occupe.

___ 34. Je ne ponctue pas mon discours de termes vagues (une forme de, une sorte de).

___ 35. Dans les réunions, je prends souvent la parole en premier.

___ 36. Lorsque j'éprouve des doutes quant à la vérité d'une affirmation, je pose des questions pour en vérifier la justesse.

___ 37. Je conclus mes propos en offrant une poignée de main ferme à mon interlocuteur pour l'inviter à me prendre au sérieux.

___ 38. Je n'annule jamais mes engagements personnels en raison d'une surcharge de travail.

___ 39. Quand quelqu'un s'arroge à tort la paternité d'une de mes idées, je rappelle avec tact que j'en suis l'auteur.

___ 40. Je ne me maquille pas et ne me coiffe pas en public.

___ 41. Je parle lentement, en prenant le temps d'exposer mes propos de façon exhaustive.

___ 42. Je suis capable de plaider ma propre cause.

___ 43. Je ne sollicite pas la permission d'utiliser mon budget lorsque j'estime la dépense appropriée.

___ 44. Mon bureau est en ordre et bien organisé.

___ 45. Je ne permets à personne de me faire perdre mon temps lorsque je travaille.

___ 46. Lorsque l'on me félicite d'un travail accompli, j'en informe mon supérieur.

___ 47. Quand je rencontre une personne pour la première fois, je la regarde dans les yeux.

___ 48. Je connais exactement la signification du terme « retour sur investissement ».

___ 49. Je suis consciente de ma valeur.

FEUILLE D'ÉVALUATION DES RÉSULTATS

1ère étape. Reportez vos réponses au questionnaire dans les cases ménagées ci-dessous.
2ème étape. Additionnez vos scores dans chaque colonne pour obtenir le résultat par catégorie.
3ème étape. Additionnez vos scores sur la dernière ligne, afin de calculer le résultat total.

1. Règles du jeu	**2. Rôles**	**3. Stratégies mentales**	**4. Image de marque**	**5. Apparence**	**6. Expression**	**7. Réponse**	
1. 1 3	2. 1 3	3. 2 2	4. 3 3	5. 1 3	6. 2 2	7. 2 3	12
8. 2 3	9. 2 3	10. 2 3	11. 2 3	12. 2 2	13. 3 1	14. 3 2	16
15. 1 2	16. 2 1	17. 3 3	18. 2 2	19. 1 1	20. 3 3	21. 1 3	13
22. 1 2	23. 1 1	24. 2 3	25. 2 3	26. 3 1	27. 2 3	28. 3 3	14
29. 2 3	30. 2 2	31. 3 3	32. 3 3	33. 1 1	34. 1 1	35. 1 1	13
36. 2 3	37. 1 3	38. 2 3	39. 2 3	40. 3 3	41. 2 3	42. 3 2	15
43. 1 3	44. 3 2	45. 2 2	46. 1 1	47. 3 3	48. 3 3	49. 2 3	15
1. Règles du jeu	**2. Rôles**	**3. Stratégies mentales**	**4. Image de marque**	**5. Apparence**	**6. Expression**	**7. Réponse**	**SCORE TOTAL**
10	12	16	15	14	16	15	98

19 15 19 17 14 16 17

INTERPRÉTATION

Encerclez vos deux scores les plus élevés. Ils définissent les deux domaines dans lesquels vous agissez de manière positive, avec assurance et compétence, gage de votre réussite future. Ces points forts doivent vous permettre d'atteindre vos objectifs de carrière. Ne modifiez rien à votre comportement, même si les autres tentent de vous inciter à changer.

Encerclez vos deux scores les plus faibles. Ils déterminent les domaines pour lesquels vous éprouvez des difficultés à vous libérer des stéréotypes féminins. Reportez-vous aux chapitres correspondants dans ce livre, afin d'équilibrer vos points forts et vos faiblesses.

Si votre résultat total se situe entre :

49-87 La bonne éducation dont vous avez bénéficié vous dessert sans doute pour atteindre vos objectifs professionnels. Accordez une attention particulière aux questions d'autoévaluation où vous avez coché le chiffre 1. Vous êtes sur le point de saboter votre carrière.

88-127 Quelques détails laissent à désirer. Surveillez les domaines dans lesquels vous avez encore tendance à adopter des attitudes stéréotypées. Vous découvrirez rapidement que des modifications légères peuvent apporter des bénéfices substantiels.

128-149 Vous prenez remarquablement vos distances par rapport aux habitudes d'enfance qui risquaient de nuire à vos ambitions professionnelles. Vous vous trouvez sur la voie de la réussite. Poursuivez ainsi.

LA COMPÉTENCE INCONSCIENTE

Vous le constatez par vous-même, vos résultats ne sont pas aussi désastreux que vous l'imaginiez. Dans le but d'aider leurs clients à développer de nouveaux comportements, les coachs recourent au modèle dit de la *compétence inconsciente*. La figure ci-dessous en illustre le fonctionnement.

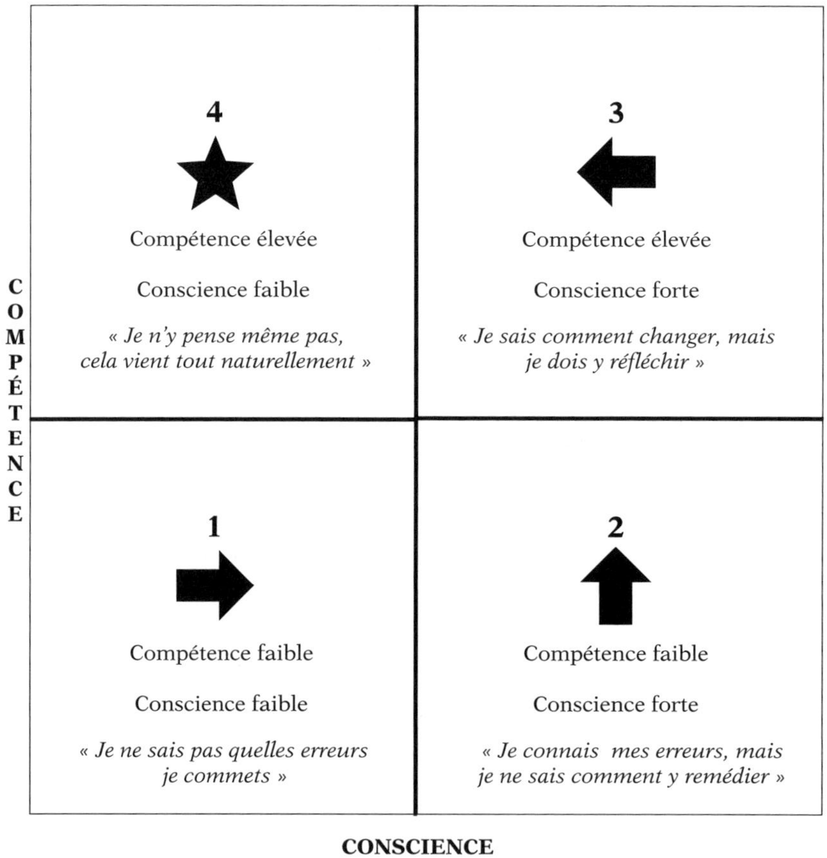

Vous devez progresser de la case n° 1 vers la case n° 4 en un laps de temps défini. Au départ de la case n° 1, vous n'avez pas la moindre conscience de commettre des erreurs et vous ne possédez donc aucune compétence en ce domaine (conscience faible et compétence faible).

Après avoir effectué le test d'auto-évaluation et pris connaissance des erreurs répertoriées dans ce livre, vous commencez à prendre conscience de vos comportements inhibiteurs, mais vous ne savez comment procéder pour les modifier. Vous avez avancé jusqu'à la case n° 2 – la compétence demeure faible mais le degré de conscience s'élève.

L'application systématique des conseils proposés dans cet ouvrage vous permet de gagner la case n° 3 – conscience forte et compétence élevée. Si vous pratiquez un sport ou si vous jouez d'un instrument de musique, vous connaissez bien le phénomène en œuvre ici : inconsciemment, vous intégrez peu à peu les gestes ou les comportements nouveaux dans votre manière de procéder habituelle (la case n° 4 se caractérise par un degré de compétence élevé et une conscience faible). Tel est l'objectif à atteindre. Ne perdez pas courage si cette évolution ne se produit pas naturellement ; qu'il s'agisse de maîtriser le revers au tennis ou d'exécuter une mazurka de Chopin, vous avez foi en vos capacités mais vous devez vous concentrer pour parvenir au but recherché. Reprenez alors le processus à partir de la case n° 3.

Lorsque vous voulez acquérir une nouvelle technique ou un savoir-faire, vous avancez en gardant conscience de votre progression. Vous demeurez en quelque sorte spectateur de vos efforts. Puis la pratique aidant, vous assimilez sans le savoir les gestes ou les comportements nécessaires. Cependant, dans certains domaines, le poids de la socialisation pèse de telle sorte qu'il s'avère pratiquement impossible de changer de comportement en dehors d'une démarche volontariste. Il n'y a rien de fâcheux à cela aussi longtemps que l'on se laisse guider par sa conscience et sa réflexion.

Gérer l'anxiété

Dans les paroles et sur les visages féminins se lisent l'anxiété et la confusion inhérentes au difficile apprentissage du métier de femme. Aujourd'hui encore, en dépit des multiples encouragements à prendre le pouvoir, les femmes en refusent l'idée car elles craignent de paraître masculines, agressives ou peu coopératives. Cette notion s'oppose si violemment à notre éducation que nous n'osons pas l'envisager. Le devoir d'exister davantage pour les autres que par nous-mêmes nous a été prêché avec un tel acharnement que nous hésitons à explorer une autre voie.

L'ironie de la situation réside en ceci que les femmes exercent constamment le pouvoir mais d'une manière radicalement différente de celle des hommes. Grâce à notre « charme de petite fille », nous acquérons indirectement et sans lutte autant d'influence que la gent masculine. Notre pouvoir est simplement moins visible. Et nous avons appris la subtilité, afin de ne pas donner aux hommes l'impression que nous les privons d'une partie de leurs prérogatives. Nous sommes aujourd'hui confrontées à la difficulté majeure de renforcer notre puissance et notre crédibilité dans le monde du travail.

Toute femme qui entend s'affirmer déclare en fait aux hommes de son entourage (mari, fils, patron ou toute autre figure d'autorité masculine) : « Je veux quelque chose de vous. Je veux ce qui me revient de droit. J'attends de vous que vous teniez enfin compte de mes désirs. » Et chacune de ces revendications nous plonge dans les affres de la culpabilité ! En voulant reprendre le contrôle de notre vie, nous avons l'impression de retirer quelque chose à quelqu'un. Dans cette transaction, nous ne nous contentons pas de recevoir un dû que nous méritons ou que nous désirons : nous obligeons les autres à nous rendre ce que nous avons donné depuis longtemps. Nous déclenchons ce faisant des réactions parfois difficiles à supporter. Car nos interlocuteurs n'ont aucune envie que l'état des choses évolue – puisqu'ils possèdent déjà tout ce qui leur faut, pourquoi devraient-ils changer ?

La résistance au changement est normale, prévisible. À l'instar de l'ancien alcoolique en fin de cure de désintoxication que ses amis entraînent dans un bar, la jeune fille qui lutte pour dépasser le conditionnement de son éducation trouve toujours sur son chemin des personnes bien intentionnées qui n'ont de cesse de l'infantiliser. C'est une constante de la vie que vous devez garder à l'esprit si vous voulez réellement atteindre votre objectif.

Recommandations à une jeune fille

Voici quelques conseils en prélude à ceux qui seront développés ultérieurement. Étudiez-les un à un. Ne tentez pas de les appliquer tous à la fois – vous n'en éprouveriez qu'un sentiment de frustration. Sélectionnez-en un ou deux à approfondir en priorité puis passez aux autres.

- **Quittez l'état de petite fille pour devenir une adulte à part entière.** Cette idée, simple en apparence, ne se révèle pas si aisée à mettre en pratique pour les diverses raisons évoquées plus haut. Accordez-vous le temps d'un entretien sincère avec vous-même. Dites-vous que vous n'avez pas seulement la permission mais le devoir d'agir en sorte de parvenir au but que vous vous êtes fixé. Essayez le mantra *moi aussi j'ai le droit de faire respecter mes exigences.*
- **Représentez-vous telle que vous voulez devenir.** Se représenter un projet visuellement aide à le concrétiser. Imaginez-vous dans le rôle auquel vous rêvez. Si vous avez l'ambition de devenir PDG, fermez les yeux pour vous voir assise dans un immense fauteuil, entourée de tous les attributs de la fonction. Réfléchissez aux attitudes à adopter pour parvenir à vos fins et à la stratégie à tenir. Puis appliquez-les.
- **Faites taire la petite voix négative dans votre tête.** Ce conseil est moins insensé qu'il ne le paraît. Luttez contre les discours anciens et remplacez-les par des messages positifs. Si votre méchante voix de petite fille vous souffle que personne ne vous aimera plus si vous changez, laissez parler votre voix d'adulte : « C'est un discours périmé. Il est temps de passer à un message neuf, dynamique. »
- **Entourez-vous d'un bouclier de Plexiglas.** Le bouclier de Plexiglas permet de voir ce qui se passe autour de vous et vous protège de l'influence négative des autres. Une de mes clientes à laquelle j'avais donné ce conseil l'a tout d'abord trouvé étrange avant de se résoudre à l'appliquer avec un succès certain. Lorsqu'elle se trouvait dans une situation difficile, elle se représentait entourée de son bouclier en Plexiglas et se sentait immunisée contre les remarques désobligeantes. En se retranchant derrière ce mode de défense, elle sauvegardait son pouvoir de réflexion et conservait une attitude d'adulte.
- **Diffusez le message autour de vous.** Dans les sessions de formation au leadership, l'animateur recourt à un exercice de routine

consistant à demander aux participants de se décrire en vingt-cinq mots tels qu'ils souhaiteraient que les autres les voient, puis de répertorier les comportements à acquérir ou à modifier pour correspondre à cette vision idéale d'eux-mêmes. Imitez-les. Définissez par écrit l'image de vous-même que vous voulez communiquer aux autres et façonnez votre attitude en fonction du modèle que vous vous êtes fixé. En résumé, assumez votre responsabilité d'adulte.

- **Acceptez les résistances et sachez en identifier les motifs.** Lorsque les autres tentent de contrecarrer votre volonté de puissance et d'autonomie, considérez tout d'abord que leur résistance vise principalement à vous maintenir dans un état d'infériorité. Au lieu de subir la situation, obligez-les à s'interroger sur leur attitude en déclarant par exemple : « À ce qu'il me semble vous ne partagez pas mon avis. Je vais justifier mon argumentation et vous pourrez ainsi m'expliquer les raisons de votre désaccord. »
- **Demandez à être informée en retour.** Lorsque vous éprouvez de l'incertitude sur la justesse de vos actes, sollicitez la réaction d'amis fiables ou de collègues. Évitez les interrogations du type « trouves-tu ma suggestion décalée ? », auxquelles l'interlocuteur ne peut répondre que par « oui » ou par « non ». Préférez les questions ouvertes qui appellent une formulation plus détaillée, donc plus pertinente (par exemple : « Dis-moi ce qui m'a permis/empêchée d'atteindre mon objectif au cours de la réunion. »)
- **Ne visez pas la perfection.** Moi-même je ne parviens pas à mettre en œuvre tous les conseils proposés ici. Certains comportements se révèlent si éloignés de ma personnalité que je n'essaie pas de les adopter ; d'autres demeurent hors de portée en dépit de mes efforts. L'important est d'en appliquer quelques-uns à la perfection et de laisser le reste s'organiser tout seul.

Ensuite…

Vous allez prendre le relais vous-même dans quelques secondes. Je vous conseille de débuter votre lecture par les deux chapitres qui correspondent à vos scores les plus faibles. En effet, ils traitent de points qui exigent de vous des efforts particuliers. Bien entendu, tous les pièges répertoriés dans ces chapitres ne vous concernent pas ; concentrez-vous sur ceux qui nécessitent votre attention. Reportez-vous à l'espace situé en bas des pages réservées aux conseils, inscrivez ceux qui semblent appropriés à votre cas et engagez-vous à les mettre en œuvre. Résistez à la tentation de passer très rapidement sur les conseils difficiles à appliquer. Ce sont probablement ceux qui vous apporteront l'aide la plus précieuse dans votre stratégie de changement.

Après avoir consulté les sections qui traitent de domaines où vos scores sont les plus bas, reprenez cet ouvrage et parcourez la liste des autres attitudes à corriger. Les 101 pièges qui figurent ici sont tout aussi réels que les femmes qui y succombent. Ce répertoire est le résultat de mon travail de coach, de l'apport de salariés (hommes et femmes) issus d'entreprises du monde entier et de la contribution des participantes aux séminaires que j'ai intitulés « De la petite fille à l'adulte responsable ». De nombreuses femmes informées de la rédaction de ce livre par des amies m'ont fait spontanément parvenir le récit de leur expérience qu'elles tenaient à partager avec mes lectrices.

Quant aux conseils proposés dans ces pages, ils reprennent en majorité ceux que je prodigue depuis des années à des clientes dont j'ai constaté moi-même l'évolution positive. D'autres proviennent de mes collègues, une équipe de consultants, spécialistes de secteurs aussi divers que la communication, la planification stratégique de carrière, la gestion de l'équilibre travail/vie personnelle. Cet ouvrage fait référence à une vaste bibliographie et propose en annexe l'esquisse d'un plan de développement personnel. Si vous souhaitez vraiment réaliser votre objectif d'accomplissement professionnel et personnel, complétez ce plan dès la lecture du livre achevée. Vous pourrez ainsi suivre et mesurer votre progression.

À vous de jouer maintenant. Toutes les chances sont de votre côté !

Chapitre 2

D'après quelles règles jouez-vous ?

Beaucoup de femmes, notamment celles d'entre nous qui ont grandi dans les années 1950 et au début des années 1960, ont rarement eu l'occasion de disputer des compétitions sportives. Jusque récemment, peu de femmes servaient dans les forces armées, faisaient leur service militaire ou participaient à des activités comportant un enjeu. Nous n'avons donc pas appris les règles du jeu, ni à occuper le terrain mais seulement à assister au match du bord de la pelouse (nous reviendrons sur ce point ultérieurement). Pis encore, le jeu qui a cours dans le monde du travail fait frémir d'horreur de nombreuses femmes ; elles le considèrent comme quelque chose de dégradant et d'immoral dont il faut à tout prix se préserver.

Partons d'un principe fondamental : la vie dans l'entreprise *est* un match et vous avez la possibilité de le gagner. En fait, les femmes sont nées pour remporter ce match. Je consacre une bonne partie de mon temps à convaincre les hommes de ressembler aux femmes. Certes, je ne leur tiens pas un discours aussi direct, sinon je risquerais fort de perdre toute ma clientèle. Je leur décris l'importance de l'écoute, de la coopération, de la motivation, de l'approche psychologique dans la gestion d'une équipe. Ce sont des réalités que les femmes maîtrisent parfaitement parce qu'elles y ont été formées dès leur enfance et qu'elles en possèdent une longue pratique.

Dans deux domaines, les femmes accusent cependant un retard par rapport à leurs *alter ego* masculins : elles ne savent pas toujours où se situe la frontière entre le réel et l'imaginaire et ne comprennent pas les règles du jeu. Les conseils contenus dans les pages suivantes sont sans aucun doute les plus ardus à mettre en œuvre, dans la mesure où ils contredisent à peu près tout ce qui nous a été enseigné jusqu'alors. Résistez à l'envie de passer outre. Si vous ne jouez pas le jeu, vous n'avez aucune chance de le gagner.

Piège n° 1

Faire semblant de croire que ce n'est pas un jeu

Le monde de l'entreprise est un jeu et rien d'autre avec ses règles, ses limites, des gagnants et des perdants. Les femmes ont tendance à considérer le travail comme un événement convivial (de l'ordre du pique-nique, du concert ou de la fête de charité) où l'on retrouve chaque jour d'autres personnes pour s'occuper agréablement. Dans notre désir de créer des situations où tout le monde gagne, nous façonnons un univers de gagnants et de perdants, dans lequel nous sommes celles qui perdent. Dans ce match qui se déroule sur le lieu de travail, il ne s'agit pas de tout faire pour que les autres perdent, mais de respecter le jeu de la concurrence. Il faut tenir compte des règles et développer les stratégies qui permettent de les utiliser à notre avantage.

Barbara est l'exemple type de quelqu'un qui n'a pas su comprendre le jeu. Plusieurs années durant, elle a occupé le poste de directeur du marketing d'un établissement bancaire. Sa réussite dans cette fonction attira l'attention d'autres entreprises à la recherche d'éléments de valeur. Parmi les nombreuses offres qui lui furent proposées, elle donna la préférence à un poste de vice-président dans l'industrie chimique. Lorsqu'elle sollicita mes services, elle se trouvait en situation d'instabilité. Tout ce qui avait contribué à sa réussite précédente se révélait négatif dans sa position actuelle. Sa courtoisie, son style de management anti-autoritaire et sa soif d'interaction avec les autres passaient pour autant de signes d'indécision et de faiblesse. Barbara n'avait pas compris qu'elle était confrontée à un jeu nouveau et continuait à appliquer les anciennes règles. Pour la première fois de sa carrière, elle courait à l'échec.

Non seulement la vie professionnelle s'apparente à un sport, mais les règles de ce sport varient selon l'entreprise et, dans une même entreprise, elles diffèrent d'un département à l'autre. Ce qui convient à votre patron actuel déplaira peut-être à celui qui lui succédera. Ne quittez jamais la balle des yeux si vous voulez remporter le match.

MES CONSEILS

- Apprenez à jouer aux échecs. Cela développera vos aptitudes mentales à la stratégie.
- Dressez la liste des règles du jeu en vigueur dans votre département/entreprise. Elles résument le plus souvent les comportements que l'on attend des nouveaux venus désireux de faire carrière. N'essayez pas d'assimiler toutes les règles d'un seul coup, observez plutôt votre nouvel environnement (les rapports entre les gens, la manière de rédiger les notes de service, les réunions) en faisant abstraction de votre vécu professionnel antérieur. Voici quelques exemples de règles implicites : *On ne contredit jamais le patron. Tout le monde effectue au moins dix heures supplémentaires. Mieux vaut être courtois qu'avoir raison. On doit toujours tenir ses délais quelles que soient les circonstances. On ne dépasse jamais son budget. Le client passe toujours en premier...* Sur la base de ces prescriptions non écrites, comparez votre manière d'être aux attentes de votre employeur.
- Partez à la recherche d'un mentor – quelqu'un qui joue le jeu avec brio et avec lequel vous pourrez discuter ouvertement des us et coutumes de l'entreprise.
- Si vous ne pratiquez pas régulièrement une activité sportive, le moment est venu de vous y mettre. Choisissez n'importe lequel de ces sports : tennis, squash ou golf. Vous vous familiariserez ainsi rapidement avec le vocabulaire du jeu.

ACTION PRIORITAIRE ☐

Piège n° 2

Jouer le jeu sans prendre de risque et sans oser sortir du terrain

Joueuse de tennis ambitieuse mais au talent incertain, j'ai longtemps joué à mi-court par peur de sortir des lignes et de perdre le point. Afin de ne prendre aucun risque, je retenais volontairement mes coups. Au bout d'un certain temps, j'ai compris que je ne parviendrais jamais à remporter un tournoi en continuant de la sorte. Je devais apprendre à placer mes balles à l'intérieur du périmètre autorisé certes, mais juste sur la ligne de fond de court. J'ai abandonné le confort de mon jeu antérieur et pris l'habitude d'envoyer des balles longues à mon adversaire. Cette nouvelle tactique s'est révélée imparable : je me suis mise à multiplier les victoires.

J'ai eu l'occasion de réutiliser cette analogie avec l'une de mes clientes. Elle venait de prendre en charge la direction d'une équipe mais se voyait reprocher son manque d'esprit d'anticipation. « Comment peut-on prétendre que mon attitude n'est pas “proactive”, alors que j'accomplis mon travail sans rien demander à personne », se défendait-elle. Or, le fait de réaliser les tâches que vous devez accomplir dans le cadre de vos fonctions ne témoigne pas d'un comportement particulièrement « proactif » ; vous remplissez simplement la mission qui vous est confiée. À son (nouveau) niveau de responsabilités, elle était supposée faire preuve de dynamisme et prendre des décisions sans en référer sans cesse à ses supérieurs. Lorsque je lui ai fait la remarque, elle m'a répliqué qu'elle ne voulait pas outrepasser ses pouvoirs et qu'elle préférait obtenir l'aval de la hiérarchie avant d'entreprendre une démarche importante.

Je lui ai alors demandé si elle pratiquait le tennis. Par bonheur, c'était le cas. Grâce à la métaphore sportive, elle a compris rapidement ce que je tentais de lui expliquer. Elle s'est rendu compte qu'elle n'utilisait pas toute la surface de jeu disponible. Par pusillanimité, elle limitait son champ d'action. Au lieu d'oser frapper fort au risque de sortir du terrain, elle privilégiait les trajectoires courtes. Cette attitude frileuse ne convenait pas à ses supérieurs qui attendaient d'elle qu'elle prenne des risques calculés et qu'elle aille de l'avant.

Ce phénomène se rencontre dans bon nombre d'entreprises. Bien qu'elles n'ignorent pas que la vie au bureau s'apparente à un jeu, les femmes préfèrent jouer la sécurité plutôt que le coup d'éclat. Elles suivent les règles au pied de la lettre et attendent des autres qu'ils les respectent tout aussi scrupuleusement. S'il est interdit de faire quelque chose, elles s'abstiennent. Si un acte est susceptible de blesser quelqu'un, elles y renoncent. Bien entendu, il n'est pas question d'agir à l'encontre des règles établies, mais il s'agit d'un *match ;* or, ce match, vous voulez le gagner. Et pour cela, vous devez occuper la totalité du terrain.

Cette cliente a suivi mon conseil et a demandé à son supérieur de définir d'un commun accord le champ où s'exercerait son autorité, de sorte qu'elle se sente libre de décider et de prendre des risques. Quelques semaines plus tard, au cours d'une conversation téléphonique, j'appris incidemment qu'elle montrait davantage d'initiative et remplissait désormais parfaitement son contrat d'objectifs.

MES CONSEILS

- Jouez dans les limites du terrain mais sur les lignes de côté et de fond de court.
- Notez par écrit deux règles que vous interprétez de manière étroite et que vous suivez consciencieusement. Avez-vous déjà vu quelqu'un y déroger ? Dans l'affirmative, à quelles conséquences s'est exposée la personne concernée ? Si rien de fâcheux n'est survenu, encourez le risque de l'imiter en élargissant votre interprétation des règles au lieu de vous y conformer purement et simplement.
- Si vous n'êtes pas certaine qu'une action soit permise, abstenez-vous. En revanche, si vous soupçonnez qu'elle peut être contraire à l'éthique, sollicitez un avis.
- Si votre dynamisme suscite des critiques, n'en prenez pas ombrage et ne retombez pas dans l'immobilisme. Considérez-les comme l'occasion de vérifier où se situent les limites à ne pas dépasser et adaptez votre jeu à la nouvelle donne.

ACTION PRIORITAIRE ☒

Piège n° 3

Se tuer au travail

Qui ne connaît ce dicton populaire : *les femmes doivent travailler deux fois plus pour être considérées deux fois moins*. En conséquence, elles ressemblent à des fourmis besogneuses qui travaillent jour et nuit. Elles se plaignent d'en faire davantage que les autres et elles ont raison ! Le mythe selon lequel il faut travailler avec acharnement pour faire avancer sa carrière a la vie dure. En réalité, personne n'a jamais été promu à force de travail. La réussite d'une carrière dépend de plusieurs facteurs ; citons entre autres la capacité à se faire apprécier, l'aptitude à élaborer une stratégie gagnante, la possession d'un réseau de relations...

Chacun est censé porter sa part du fardeau. Mais cela ne signifie pas que vous devez vous focaliser sur votre charge de travail. Il m'arrive de penser que les femmes préfèrent se concentrer sur ce qu'elles appréhendent le mieux au lieu de s'engager dans des comportements qui leur paraissent étrangers, donc hasardeux. L'une d'elles m'a confié avec dépit que, tous les lundis matins, pendant la saison de football, ses collègues masculins passaient une demi-heure à commenter le match du dimanche avec le patron.

« Quelle perte de temps. Pendant qu'ils parlent de football, moi je travaille ! » se lamentait-elle. Ce qui la désolait encore davantage était de constater qu'ils décrochaient les missions les plus prometteuses. Tandis que les femmes considèrent qu'elles « gaspillent l'argent de l'entreprise » si elles ne se consacrent pas exclusivement à leur tâche de 8 heures à 17 heures, les hommes, eux, savent qu'en discutant des péripéties du match de football ou des scores du dernier tournoi de golf, ils tissent un réseau de relations qui leur servira tôt au tard. Ses collègues masculins et son patron se retrouvaient dans cette sorte de fraternité sportive qui donnait à chacun la possibilité de mieux se connaître. Et lorsque des postes de confiance étaient à pourvoir, le patron avait tout naturellement tendance à choisir les collaborateurs avec lesquels il possédait des affinités et avec lesquels il se sentait en confiance.

Nous en arrivons au secret le mieux gardé dans le monde de l'entreprise : on ne recrute pas un candidat, pas plus qu'on ne promeut un cadre, uniquement sur la qualité de son travail mais d'après ce que l'on connaît de son caractère. La personne qui prend la décision finale veut être assurée que le nouveau venu saura assumer sa fonction mais aussi favoriser la cohésion de l'équipe ou du service. En gardant obstinément le nez sur ses dossiers, cette jeune femme agissait à son détriment et ne se donnait pas les armes nécessaires pour décrocher un poste plus motivant et prouver qu'elle était capable de réussir.

MES CONSEILS

- Accordez-vous la permission de « gaspiller » une parcelle de votre temps. Consacrez au moins 5 % de votre journée au bureau à construire un réseau de relations.
- Fixez-vous une plage horaire et respectez-la. À certains moments, l'importance de votre charge de travail peut vous imposer d'effectuer des heures supplémentaires. Mais si, chaque jour, vous êtes la dernière à quitter le bureau, il y a manifestement quelque chose qui ne va pas.
- En arrivant le matin, établissez votre programme pour la journée. Cette sage précaution vous mettra à l'abri de la tentation d'ouvrir systématiquement tous les dossiers qui arrivent sur votre bureau. Vous pourrez ainsi, sans remords, différer le traitement de ceux qui ne paraissent pas urgents.

ACTION PRIORITAIRE ☒

Piège n° 4

Faire le travail des autres à leur place

Lorsque Harry Truman déclarait « C'est moi qui détiens la responsabilité finale », il se mettait probablement dans la peau d'une femme. Car notre propension à assumer non seulement nos responsabilités mais également celles d'autrui représente l'une des constantes de notre comportement. Certes, vous vous engagez vis-à-vis de votre employeur à fournir un produit ou un service de qualité, mais en aucun cas vous n'êtes *seule responsable* du résultat.

Les femmes possèdent la fâcheuse habitude de penser et de prétendre : « Si je ne le fais pas moi-même, ça n'avancera pas. » Comme il se doit, leurs collègues trop heureux d'échapper à leurs obligations se déchargent sur elles et l'on s'engage alors dans un cercle vicieux qui risque de perdurer.

Cette situation s'accompagne d'un autre phénomène. Pendant que les femmes se dévouent aux tâches ingrates, les hommes se consacrent à leur carrière.

Ils savent pertinemment que les promotions récompensent le travail terminé et pas nécessairement celui que l'on a effectué soi-même. Un de mes patrons divisait le monde en deux catégories d'individus : ceux qui font carrière et ceux qui travaillent. Les uns œuvrent toute la journée, les autres passent le plus clair de leur temps à préparer leur avenir professionnel. À dire vrai, lorsque l'on veut réussir, il est préférable d'associer les deux méthodes.

MES CONSEILS

- Cessez de vous porter volontaire pour les tâches non gratifiantes et inutiles à votre carrière. Si c'est plus fort que vous, croisez les bras chaque fois que vous avez envie de lever la main.
- Sachez déceler les demandes de service qui n'offrent aucun intérêt pour vous. Entraînez-vous à les décliner sans fausse honte en vous excusant ainsi : « J'aimerais t'aider mais je suis complètement débordée en ce moment. » Et mettez un terme à la conversation. Résistez à la tentation de résoudre les problèmes des autres à leur place.C'est *leur* problème et non le vôtre.
- Si vous exercez des responsabilités managériales ou si vous supervisez une équipe, ne permettez pas à vos subordonnés de se délester sur vous de leurs obligations. Cela se produit fréquemment lorsqu'ils se sentent incompétents ou surchargés de travail. N'acceptez pas sous prétexte que votre intervention permettra d'atteindre l'objectif plus rapidement. Suggérez au salarié en difficulté de solliciter l'aide d'un collègue ou, si vous en avez le loisir, analysez la situation afin d'en tirer la leçon.
- Pratiquez l'autosuggestion pour lutter contre votre sentiment de culpabilité quand vous opposez une fin de non-recevoir aux demandes de service indues. Essayez ceci : « Je n'ai pas à me sentir coupable de protéger mes intérêts. »

ACTION PRIORITAIRE ☐

Piège n° 5

Travailler sans s'accorder la moindre pause

Il y a sans doute du vrai dans l'adage *si vous voulez qu'une tâche soit effectuée, confiez- la à une femme*. Pour mener à terme un projet, certaines femmes n'hésitent pas à travailler sans prendre le temps de souffler. Non seulement cette pratique nuit à la santé, mais elle empêche aussi d'obtenir une performance optimale. Les spécialistes de la productivité estiment qu'une coupure toutes les quatre-vingt-dix minutes est indispensable pour maintenir un niveau de concentration et de précision constant.

L'habitude de travailler sans s'arrêter vous fait passer aux yeux des autres pour quelqu'un de surmené ou d'inefficace. Un cadre m'a parlé un jour d'une femme, vice-président de son groupe, en ces termes : « Elle me mettait mal à l'aise avec son air toujours affairé et harassé. » (Notez que l'on applique rarement ces adjectifs à un homme.) Travailler à l'heure du déjeuner et refuser d'aller prendre l'air pendant cinq minutes sont des sacrifices inutiles. Si vous donnez constamment l'impression d'être noyée dans vos dossiers, personne ne songera à vous pour les missions exigeantes ou les projets ambitieux.

MES CONSEILS

- Prenez l'habitude de délaisser votre bureau et de vous accorder quelques instants de détente environ toutes les quatre-vingt-dix minutes.
- Au début de la semaine, planifiez au moins un déjeuner de travail.
- Réservez-vous quelques minutes par jour pour aller discuter avec vos collègues et, lorsque l'un d'eux passe devant votre bureau, invitez-le à entrer.
- Programmez la sonnerie de votre ordinateur pour vous avertir que le moment de prévoir un intermède est venu (et n'oubliez pas de faire votre pause à l'arrêt de la sonnerie…)
- Profitez de l'heure du déjeuner. Inscrivez-vous à une formation pour améliorer vos aptitudes à la communication, faites vos achats afin de rentrer chez vous plus tôt le soir même, permettez-vous une courte promenade qui vous mettra en forme pour affronter l'après-midi.
- Si vous pensez ne pas avoir le temps, cela signifie que vous vous laissez dévorer par votre travail. Interrogez-vous sincèrement pour savoir si vous voulez être le maître ou l'esclave.

ACTION PRIORITAIRE ☐

Piège n° 6

Faire preuve de naïveté

Les femmes n'ont sans doute pas l'apanage de la naïveté mais elles tendent souvent à prendre les affirmations d'autrui pour argent comptant. La dynamique qui préside à cette attitude ne manque pas d'intérêt. Nous ne cherchons pas à vérifier sérieusement la véracité des propos tenus pour ne pas mettre notre interlocuteur dans l'embarras ou tout simplement parce que nous ne voulons voir que le bon côté des gens. Cette volonté de nous concentrer sur l'argument nous empêche de déceler les comportements ou les motifs sous-jacents de celui ou de celle qui l'émet.

La naïveté de Lisa lui a ainsi causé de gros ennuis. Cette jeune femme était responsable du développement dans une organisation à but non lucratif de renommée nationale. Son service fonctionnait de manière efficace, il y régnait un excellent esprit d'équipe et de camaraderie et chaque année, aussi longtemps que Lisa le dirigea, les objectifs de collecte de fonds étaient largement dépassés. Puis Lisa engagea Adam. Ce dernier était le fils d'un membre du conseil d'administration. Les collègues de Lisa la mirent en garde, estimant que l'idée de recruter ce jeune homme n'était pas judicieuse. Mais Lisa demeurait persuadée qu'en établissant des règles claires et en maintenant une transparence totale à l'égard d'Adam, tout se passerait pour le mieux.

En l'espace de quelques mois, la cohésion de l'équipe se fissura. Le moral tomba au plus bas et personne ne réussit plus à atteindre ses objectifs mensuels. Plusieurs personnes confièrent à Lisa qu'Adam tentait de la discréditer et répandait des mensonges sur son compte. Le supérieur de la jeune femme la convoqua à plusieurs reprises, afin d'évoquer les troubles qui divisaient l'équipe. C'était la première fois que l'on mettait en doute ses qualités de manager.

Lorsqu'elle s'en ouvrit avec franchise à Adam, celui-ci nia avoir tenté de saper son autorité. Lisa sembla convaincue de sa bonne foi et décida de lui donner une seconde chance. Mais les choses allèrent de mal en pis. Certains membres du conseil d'administration inquiets de la tournure des événements sommèrent la direction de trouver une solution.

Lisa quitta ses fonctions dans l'organisation pour un poste plus valorisant mais qui n'aurait certainement pas retenu son attention avant l'arrivée d'Adam.

La naïveté chez quelqu'un d'autre nous paraît souvent rafraîchissante. Les jeunes qui débutent leur carrière en bénéficient, en ce sens qu'ils créent chez leurs aînés le désir de leur servir de mentor ou de leur indiquer la voie à suivre. En revanche, lorsqu'elle concerne un salarié d'âge mûr, cette qualité se transforme en défaut que les adversaires ne se privent pas d'utiliser. Une femme trop naïve ne parvient pas à décrypter correctement une situation, ni à tirer les leçons de l'expérience.

MES CONSEILS

- Lorsqu'une chose vous semble obscure, demandez une explication. Si quelqu'un rejette votre besoin d'explication, méfiez-vous.
- Sans pour autant présager le pire, prenez l'habitude de vous interroger sur les motivations d'autrui.
- Ne vous contentez pas d'une seule opinion lorsque vous devez prendre une décision capitale. Sollicitez l'avis de personnes compétentes.
- Lorsque vous êtes la seule personne de l'assemblée à estimer que tel ou tel projet est réalisable alors que tout le monde pense le contraire, demandez-vous si vous ne faites pas preuve de naïveté.
- Fiez-vous à votre instinct.

ACTION PRIORITAIRE ☒

Piège n° 7

Faire preuve de pingrerie dans la gestion des deniers de l'entreprise

Habituées à assumer la responsabilité de leurs dépenses, certaines femmes qui n'hésitent pas à se montrer généreuses de leurs propres deniers deviennent économes à l'excès dès qu'il s'agit de gérer ceux de l'entreprise. Elles se privent de commodités de base, se refusent l'achat d'articles indispensables par peur de débourser quelques euros supplémentaires pour des acquisitions pourtant justifiées. D'autres érigent la parcimonie en vertu cardinale et s'en glorifient, alors même que leurs efforts n'ont qu'un effet marginal sur le bilan comptable.

Une jeune femme particulièrement soucieuse de gérer au plus près ses frais de mission a failli provoquer un imbroglio conjugal. Rentrant d'un voyage professionnel en avion, elle devait regagner en train son domicile situé dans une petite ville voisine de l'aéroport. Elle avait projeté de prendre le train et de demander à son époux de venir l'attendre à la gare. Mais le retard imprévu du vol bouscula ses plans, le dernier train de banlieue étant déjà parti quand son avion atterrit. A la recherche d'une solution de rechange, elle pria son conjoint de venir la chercher à deux heures du matin à l'aéroport, afin d'économiser le prix de la course en taxi. À sa place, aucun homme n'aurait hésité une seconde à commander un taxi sans se préoccuper de l'heure ni du coût.

À vouloir traquer la moindre dépense, on finit par gaspiller son temps et son énergie pour des vétilles. Les autres voient en vous un individu mesquin, incapable d'envisager et de réaliser de grandes choses. Cette attitude de fourmi peu prêteuse possède un inconvénient majeur : vous négligez l'un des plus précieux actifs de l'entreprise : vous-même.

MES CONSEILS

- Chaque fois que vous prévoyez une dépense, envisagez-la dans un contexte plus large et évaluez son impact global.
- N'hésitez pas à utiliser la totalité du budget qui vous est alloué. Peu d'entreprises récompensent ou remarquent les employés économes.
- Ne pensez pas que l'argent dépensé pour faire des cadeaux aux salariés soit perdu. Un déjeuner offert de temps en temps, un bouquet de fleurs à une collaboratrice hospitalisée ne grèvent pas considérablement votre budget et vous assureront la bonne volonté et la fidélité des intéressés.
- Sauf consigne contraire, utilisez votre budget sans demander d'autorisation.Vous serez prévenue suffisamment tôt si le moindre problème surgit et, dans ce cas, ne vous excusez surtout pas. Faites savoir que vous avez bien compris le message et demandez que l'on vous précise vos droits et vos obligations.
- Lorsque la petite voix du doute martèle dans votre tête « Suis-je autorisée à dépenser cette somme ?», interrogez-vous ainsi : « Si je ne la dépense pas, quel sera le coût de l'économie réalisée (en termes de temps, d'énergie, ou de ressources financières) ? »

ACTION PRIORITAIRE ☐

Piège n° 8

Attendre que l'on vous octroie ce que vous réclamez

J'entends fréquemment des femmes qui se plaignent d'avoir à exiger pour être entendues. Cette attitude me semble étrange. Chacun connaît le dicton *c'est la roue qui grince qui reçoit l'huile*. Inversement, si vous appartenez à la catégorie des personnes qui estiment toujours qu'elles ne reçoivent pas suffisamment, cela quel que soit ce qu'on leur accorde, il est certain que vos constantes requêtes lasseront celui qui en est l'objet. Cependant, on a tendance à faire croire aux femmes qu'elles en demandent trop, quand bien même elles ne réclament que leur dû. Si vous ne sollicitez rien, vous ne risquez pas de vous voir opposer un refus, mais vous avez peu de chances d'obtenir ce que vous voulez.

L'exemple le plus frappant concerne les demandes d'augmentation de salaire. Toute femme qui a le courage de faire valoir ses exigences doit lutter contre un double sentiment de culpabilité savamment entretenu : celui de commettre une faute et celui de réclamer une faveur à laquelle elle n'aurait pas droit. Plusieurs années de collaboration avec des responsables des ressources humaines m'ont permis de constater que les hommes prennent soin de leurs intérêts mais qu'ils ont tendance à négliger les revendications féminines. Aux États-Unis, sur un salaire de 100 dollars, une femme gagne en moyenne 28 dollars de moins que son *alter ego* masculin. Ces chiffres sont encore révisés à la baisse pour les Américaines d'origine africaine ou latine. Les Afro-Américaines perçoivent 65 cents contre 1 dollar pour leurs collègues masculins, et les Latinos reçoivent 52 cents quand les hommes de la même communauté gagnent 1 dollar. Cet écart est lié à la discrimination sexiste mais aussi au fait que les minorités défavorisées hésitent à revendiquer.

Une de mes clientes se plaignait de n'avoir pas bénéficié de la même prime que ses collègues lors du transfert dans un nouveau service. Je l'invitai à envisager différentes explications possibles. Comme cela arrive fréquemment lorsque nous sommes confrontés à une situation que nous ne comprenons pas, elle avait échafaudé mentalement un véritable scénario duquel il ressortait que ses supérieurs ne la respectaient pas et la traitaient comme si elle était invisible. Elle en perdait le sommeil. Il fallait donc rapidement intervenir pour sortir de cette impasse mais elle hésitait à « mettre les pieds dans le plat ».

Après maintes discussions, nous nous mîmes d'accord sur la tactique à adopter. Elle avait tout d'abord manifesté l'intention d'interroger le responsable des ressources humaines sur son droit à la prime en question. Or, douter de son droit à bénéficier de ce qui a été promis est une attitude typique de petite fille bien élevée. Je le lui déconseillai donc fermement : elle devait se convaincre que cette prime lui était due et chercher à découvrir pourquoi elle ne l'avait pas perçue. Forte de ce conseil, elle pénétra dans le bureau du DRH et déclara : « J'ai remarqué que ma prime ne figurait pas sur mes deux derniers bulletins de salaire et je me demande à quelle date elle sera versée. »

Elle obtint enfin l'explication voulue : celle-ci n'avait rien à voir avec un manque de respect ou avec une quelconque marque de sexisme. Il s'agissait tout simplement d'une erreur ou, plus exactement, d'un retard. Parmi les salariés mutés dans le nouveau service, elle était la seule dont les performances et la révision de salaire annuelle devaient faire l'objet d'une évaluation au cours des semaines qui suivaient. Désireux de réduire au minimum la paperasserie, le directeur des relations humaines avait décidé d'attendre cette échéance et d'y ajouter le versement de la prime. Mais l'évaluation des performances avait été retardée par le transfert dans le nouveau service et il avait omis d'inclure la prime. Si elle n'avait pas eu le courage de s'enquérir de l'état des choses, elle aurait continué à se ronger d'inquiétude et à passer des nuits blanches à cause d'un simple oubli.

Elle en retira une double leçon. Au lieu de laisser vagabonder son imagination et de s'enfermer dans un faux raisonnement, mieux vaut chercher à connaître les faits. On ne doit jamais attendre de recevoir son dû mais le réclamer.

MES CONSEILS

- Préparez mentalement à l'avance vos questions. Réfléchissez à ce que vous voulez et pourquoi vous le voulez. Formulez vos requêtes de manière directe, franche et en justifiant votre droit. Reportez-vous à la méthode DESCription (voir le piège n° 68).
- Négociez en recourant à la technique du « fait accompli. » En d'autres termes, présentez votre demande sous la forme affirmative. Au lieu de déclarer « Je souhaiterais une rallonge budgétaire de 10 000 euros sur l'exercice de l'an prochain au crédit de la formation », préférez la formule suivante : « J'ai prévu 10 000 euros supplémentaires au budget formation pour l'année prochaine. Cette somme financera le recrutement de personnel et l'utilisation de technologies nouvelles. »
- Inscrivez-vous à un cours sur l'art de négocier ou lisez *Savoir négocier*[1], un ouvrage qui ne s'adresse pas uniquement aux managers et qui fournit une multitude de conseils pratiques.
- Ne cherchez pas simultanément à vous faire aimer des autres et à obtenir ce qui vous revient ; ces deux exigences sont antagonistes.
- Choisissez avec soin le moment de faire valoir votre bon droit ou de réclamer votre dû. L'idée de solliciter une augmentation après une série de licenciements n'est pas vraiment appropriée. Ne postulez pas pour une mutation dans un autre service lorsque vous collaborez à la réalisation d'un projet – d'aucuns pourraient s'imaginer que le travail ne constitue plus une valeur pour vous. Dans la vie, l'aptitude à saisir le moment opportun est une qualité fondamentale : souvenez-vous-en chaque fois que vous revendiquez un droit ou une faveur.

ACTION PRIORITAIRE ☒

1. *Savoir négocier*, Tim Hindle. Éditions Mango.

Piège n° 9

Se tenir à l'écart du jeu politique

Répétez après moi : « Le terme "politique" n'est pas synonyme de "grossièreté". » Tenter d'éviter au bureau ce que l'on nomme « la politique », c'est vouloir éviter le temps qu'il fait. Qu'elle vous plaise ou vous chagrine, la réalité est ainsi. La politique peut se définir comme la façon dont les choses se réalisent – dans l'entreprise, au gouvernement, dans les syndicats. Si vous ne faites pas de politique, vous ne jouez pas les règles du jeu ; or qui ne joue pas les règles du jeu ne peut espérer gagner.

La politique est l'art d'entretenir des relations et de maîtriser le phénomène de compensation (accorder une faveur en échange d'un service) qui gouverne toute relation. Comme jadis à Rome, le passage du Capitole à la roche Tarpéienne peut être rapide ; les carrières se font et se brisent au gré des tractations politiques et du jeu des relations. Et lorsqu'une relation vous fait réellement défaut, il est trop tard pour tenter de l'établir. Un réseau de relations s'élabore au fil du temps et doit être composé d'une large diversité de partenaires.

Dans un échange équilibré, que ce soit avec un supérieur ou avec un collègue, chaque partie définit clairement ce qu'elle apporte à l'autre et ce qu'elle en attend. La transaction s'établit tout naturellement, de manière quasi implicite. Réfléchissez au lien qui vous unit à votre meilleure amie. Vous lui demandez conseil, elle vous tient compagnie, elle joue au tennis avec vous ou vous rend service de mille et une façons. À titre de réciprocité, vous êtes disposée vous aussi à lui prêter secours et assistance. Vous avez implicitement conclu un pacte d'entraide mutuelle. Il en va de même dans l'entreprise. Chaque fois que vous venez en aide à quelqu'un, vous accumulez des « jetons virtuels » que vous pourrez ensuite encaisser à votre tour.

MES CONSEILS

- Abordez les situations « politiques » dans le même esprit que vous considérez toute négociation. Prenez le temps de définir ce que l'autre attend de vous, ce que vous pouvez lui offrir et la manière d'engager la relation au bénéfice de chacun.
- N'oubliez jamais ceci : dans une transaction, l'un donne, l'autre reçoit ; il y a une réciprocité totale. Ne vous contentez pas de céder à une demande, réfléchissez à ce que vous voulez en échange. Osez encaisser vos « jetons ».
- On gagne souvent à long terme en concédant une série d'avantages mineurs. Quitte à exiger le moment venu le paiement en retour.
- N'éludez pas les problèmes d'ordre politique et relationnel. Cette tactique éloigne les autres de vous. Abordez les situations de front : vous montrerez ainsi que vous ne créez pas les problèmes mais que vous les résolvez.

ACTION PRIORITAIRE ☐

Piège n° 10

Se croire investie d'un devoir moral

Coleen Rowley, juriste au FBI, est devenue la conscience vivante de l'organisation après être apparue sur le devant de la scène pour avoir révélé les négligences dans le traitement des preuves d'activité terroriste avant l'attaque du 11 Septembre. Malgré sa popularité auprès de l'opinion publique et dans les médias (*Time Magazine* lui a décerné le titre de « Personnalité de l'année 2002 »), elle a été traitée comme une paria par les autres membres du FBI.

Cela signifie-t-il que les femmes devraient, dans certains cas, s'abstenir d'exprimer leur conscience, leur sens moral et leur conception de l'éthique ? Non, bien évidemment. Il n'en reste pas moins qu'elles ne distinguent pas, comme leurs collègues masculins, les frontières subtiles entre la théorie et la pratique. La plupart des hommes n'éprouvent aucune réticence à infléchir les règles lorsque la situation l'exige et lorsque cela ne porte pas à conséquence.

Voici un exemple d'intransigeance féminine : Claudie était l'assistante du directeur des relations publiques d'une entreprise organisatrice de spectacles. Son patron arrivait systématiquement en retard le matin et s'attendait à ce qu'elle le couvre. Si d'aventure le président de la division téléphonait à neuf heures et demie, Claudie prétextait que son patron « était en réunion » ou « momentanément absent du bureau ». Mais, dans son for intérieur, elle désapprouvait ce laxisme ; l'heure d'arrivée étant fixée à neuf heures, elle considérait qu'il devait respecter l'horaire comme tout autre salarié de l'entreprise. De la même manière, lorsqu'il oubliait de remettre le compte rendu de ses dépenses hebdomadaires dans les délais impartis, il datait celui-ci de la semaine en cours, ce qui lui permettait d'obtenir le remboursement de frais engagés la semaine voire le mois précédent.

Au début, Claudie prenait à cœur de lui rappeler chaque fois les règles en vigueur mais il voulut la persuader de se montrer plus conciliante. Elle finit par faire part de sa perplexité au responsable des ressources humaines. Elle estimait que son patron la rendait complice d'agissements qui allaient à l'encontre de ses valeurs et de son éthique personnelle. Eu égard à la culture de l'entreprise qui admettait une certaine souplesse dans le respect des règles écrites, son interlocuteur lui conseilla d'adopter une attitude plus coopérative pour établir une relation de confiance et d'estime avec son patron.

Incapable de modifier son comportement, Claudie accepta finalement de changer de service. Le responsable des ressources humaines fut soulagé de cette solution, même s'il savait que Claudie rencontrerait des problèmes analogues avec la plupart de ses supérieurs. Ce que son patron lui demandait n'avait rien d'exceptionnel, d'immoral ou de contraire à l'éthique. Sa mutation dans un service dirigé par un patron connu pour sa rigueur permit de résoudre le problème. Mais dans l'esprit du responsable des ressources humaines, Claudie était définitivement cataloguée comme une personne rigide et peu adaptable. Sa réputation l'excluait d'un certain nombre de postes et de promotions.

La morale de cette histoire pourrait être celle-ci : avant de stigmatiser des infractions mineures aux règles ou aux procédures en vigueur dans l'entreprise, évaluez les répercussions de votre intervention. Coleen Rowley mérite notre admiration pour sa droiture et son courage. Sa décision fut lourde de conséquences pour son organisation, son pays et elle-même. Bien sûr, nous ne connaissons pas de tels enjeux et devons, pour la plupart, nous contenter d'arbitrer entre les diverses exigences de la vie dans l'entreprise.

MES CONSEILS

- Le lieu de travail n'est pas une tribune. Ne l'utilisez pas pour promouvoir votre cause.
- Ne confondez pas les bonnes actions et les actions justes. Vous serez peut-être en paix avec vous-même si vous défendez une position controversée mais, sauf cas exceptionnel, ce choix ne favorisera guère votre avancement.
- Sélectionnez soigneusement vos combats. Demandez-vous si le risque que vous encourez en laissant votre conscience s'exprimer vaut la peine au regard du bénéfice attendu. Lorsque le rapport est favorable, n'hésitez pas à aller de l'avant.

ACTION PRIORITAIRE ☒

Piège n° 11

Protéger des incapables

Je ne sais quel phénomène étrange lie les femmes et les minables. Non seulement, nous les attirons davantage que les hommes, mais ils s'agglutinent à nous comme à du papier tue-mouches. Dans notre propension à éviter de blesser autrui, nous nous laissons envahir par eux, nous prenons leurs erreurs à notre compte quand nous ne nous excusons pas de leur mauvaise conduite. Les hommes savent mieux que nous détecter les bons à rien. Ils les devinent à cent lieues à la ronde… et les évitent à tout prix.

L'exemple de Claire illustre à merveille la complaisance féminine à l'égard des faibles. Spécialiste de la régulation du marché à Wall Street, elle veillait à ce que les transactions s'effectuent dans la légalité et selon les principes établis par l'organisme qui l'employait. Elle travaillait sous les ordres d'un minable. Il ne connaissait rien à la réglementation des marchés mais ne cessait de lui dicter ce qu'elle devait faire, lui fournissant parfois ainsi qu'à ses collègues des informations fausses, susceptibles de créer des dommages à l'entreprise. Malgré les diverses tentatives de Claire pour lui prouver qu'il était en tort, il continuait à lui imposer ses directives.

Lorsque le vice-président de la division s'étonna des multiples erreurs constatées sur certaines transactions, elle refusa d'avouer qu'elle suivait simplement les ordres de son supérieur. L'évaluation de ses résultats en pâtit et son salaire fut revu à la baisse. Non seulement son acharnement à protéger son patron se retourna contre elle, mais il lésa aussi les intérêts de la société menacée d'une amende pour violation du règlement sur les opérations de Bourse.

MES CONSEILS

- Fiez-vous à votre intuition. Si vous êtes convaincue d'être en présence d'un incapable, vous avez très probablement raison.
- Prenez de la distance vis-à-vis des individus qui ne vous inspirent pas confiance. Ne vous rendez pas coupable par association.
- Placez l'indésirable devant ses responsabilités (reportez-vous au piège n° 90).
- Si l'on vous rend responsable des fautes commises par une personne non fiable, n'hésitez pas à désigner le véritable auteur à vos accusateurs (comme Claire aurait dû le faire.) Exprimez-vous ainsi : « Je comprends votre mécontentement. Pourquoi ne pas en parler directement avec Chris qui vous expliquera ses raisons de vouloir procéder de cette manière ? »
- Lorsque le minable en question est votre patron, changez de poste. À ce jour, aucun employé n'a réussi à modifier l'attitude de son supérieur. Cessez d'espérer en vain et sauvegardez en priorité vos intérêts.

ACTION PRIORITAIRE ☐

Piège n° 12

Garder le silence

À force de s'entendre reprocher leur agressivité et leur arrivisme, les femmes taisent souvent des vérités connues de tous. Combien de fois nous sommes-nous volontairement abstenues d'un commentaire pour entendre un collègue l'exprimer sous les applaudissements de l'assistance ? N'oubliez jamais que l'on vous accuse d'ambition démesurée pour mieux vous museler. Tout conspire à vous faire éprouver un sentiment de malaise lorsque vous émettez un avis courageux ou un point de vue inattendu. Quand vous gardez le silence, vous ajoutez à votre frustration et vous donnez de vous l'image d'une personne faible, incapable de faire valoir son opinion.

Prenons l'exemple de Marie. Elle était engagée dans une guerre sans merci par courriels interposés avec un collègue qui avait la réputation d'être inattaquable. Rien ne semblait pouvoir l'atteindre ; il se défendait en passant le plus clair de son temps à rendre les autres responsables des problèmes qui survenaient. Pendant un certain temps, Marie le tint à distance en faisant des concessions jusqu'au jour où il commença à se montrer agressif vis-à-vis d'elle. Lorsque je lui demandai pourquoi elle n'avait pas tenté de mettre fin à ce jeu en provoquant une explication franche, elle répliqua qu'elle ne souhaitait pas envenimer la situation. Je lui suggérai de changer de tactique et de saisir la prochaine occasion pour transformer l'altercation en discussion qui permette de résoudre définitivement le différend. Elle pouvait par exemple lui tenir le discours suivant : « Cela ne sert à rien de rejeter la faute sur l'un ou sur l'autre, essayons plutôt de régler le problème de communication qui existe entre nos deux services. » À supposer qu'il réponde « Je ne t'accuse pas, je cherche juste à connaître la cause du problème », elle pouvait jouer le jeu du disque rayé et répéter : « Quoi qu'il en soit, je suis disposée à passer à la phase de recherche d'une solution. »

Aspect non négligeable, susceptible d'éclairer la situation, précisons que Marie a 50 ans, qu'elle vient d'une famille italienne très traditionnelle, et qu'elle est mariée à un homme nettement plus âgé qu'elle. En cherchant les raisons qui l'empêchaient de trouver elle-même le ton juste, nous nous sommes rendu compte que son éducation l'avait habituée à se laisser dominer par des « machos ». Je lui conseillai de faire sien l'adage *à Rome, vis comme les Romains*. Rapporté à son cas personnel, cela signifiait qu'à la maison elle pouvait filer doux face à son époux ou à son père pour respecter la coutume familiale, mais qu'au bureau elle devait adopter un mode d'action différent.

MES CONSEILS

- Manifestez votre désaccord sans vous montrer désagréable. Écoutez l'argument de l'adversaire puis formulez votre opinion : « Si je vous comprends bien, vous estimez que nous devrions confier le dossier Untel à Jean. Cela ne nous empêche pas d'envisager aussi d'autres candidats plus qualifiés. » Le cas échéant, étayez votre suggestion par deux ou trois raisons imparables.
- Prenez davantage de risques lorsque vous exposez votre avis au cours d'une réunion. Exercez-vous à donner votre opinion au moins une fois à chaque réunion. Avec le temps, vous perdrez tout reste de timidité.
- Ne négligez pas vos coutumes et vos traditions familiales, mais sachez discerner comment, quand et où vous pouvez les appliquer.
- Afin de contrebalancer l'agressivité qui risque de percer sous votre discours, terminez votre argumentation par une interrogation. Dites par exemple : « Voilà comment je vois les choses. Je serais curieuse de savoir ce qu'en pensent les autres. »

ACTION PRIORITAIRE ☐

Piège n° 13

Ne pas savoir exploiter son réseau de relations

Une jeune consultante rencontrait des difficultés à vendre le projet de son nouveau livre à un éditeur qu'elle avait rencontré. Comme nous réfléchissions à la stratégie idoine pour retenir son attention, elle me raconta sans presque y penser que son père, un homme d'affaires de renommée internationale, entretenait des rapports cordiaux avec celui-ci. Je m'étonnai qu'elle se soit abstenue de mentionner ce fait lors de sa rencontre avec l'éditeur, mais elle me répondit qu'elle refusait d'exploiter le nom de son père. À cet égard, les femmes ont des scrupules que les hommes partagent rarement. Ils misent sans état d'âme sur leurs relations pour se faire ouvrir des portes et n'ont pas l'impression de léser qui que ce soit. C'est d'ailleurs exclusivement dans ce but qu'ils s'efforcent de bâtir et de cultiver un réseau de relations.

Il existe une grande différence entre le fait de laisser tomber un nom au cours de la conversation et celui de se servir d'une relation pour avoir ses entrées quelque part. Chacun sait que bon nombre de transactions se réalisent par l'intermédiaire des relations, qu'il s'agisse de la vente d'une voiture ou d'une offre de services. Nous concluons plus volontiers des affaires avec des partenaires que nous apprécions et auxquels nous accordons notre confiance. La culpabilité par association correspond à la réussite par cooptation. Activez donc sans remords votre réseau de relations.

MES CONSEILS

- Sollicitez la permission de vous recommander d'un collègue lorsque vous essayez d'attirer l'attention de quelqu'un. Dites par exemple : « Je t'ai entendu évoquer le nom d'Hélène Torres lors d'une conversation. Je suis en train de préparer une réunion avec elle. M'autorises-tu à mentionner que je te connais ? »
- Demandez à être présentée. Si vous souhaitez entrer en contact avec une personne précise lors d'une réunion ou d'une soirée, priez l'organisateur de la manifestation d'effectuer les présentations.
- Mettez en relation les personnes qui possèdent des intérêts ou des activités en commun. Vous créerez ainsi un précédent qui vous rendra peut-être service un jour ou l'autre.
- Appuyez-vous sur vos références. Si vous cherchez un emploi ou une information, demandez à vos connaissances de vous introduire auprès de l'interlocuteur approprié et requérez la permission de vous réclamer d'elles.

ACTION PRIORITAIRE ☒

Piège n° 14

Rester aveugle aux besoins d'autrui

Margaret Thatcher, l'ancien Premier ministre britannique a été élevée par un père qui l'exhortait à penser par elle-même et à ne pas se laisser influencer par l'opinion des autres. Elle retint si bien la leçon que son inflexibilité proverbiale lui gagna le surnom de Dame de fer. Mais cette détermination précipita sa chute après la controverse violente suscitée par la *Poll Tax* (taxe locale à laquelle étaient assujettis tous les électeurs). En dépit de l'opposition de ses électeurs, Madame Thatcher s'obstina et déclara à ses conseillers qui l'invitaient à reconsidérer sa décision : « Vous changez de direction si vous le voulez. La Dame de fer, elle, ne déviera pas. »

Nous n'appartenons pas à la classe politique mais nous avons aussi nos électeurs ou plutôt des partenaires dont nous devons tenir compte ; ce sont nos clients. Nous sommes à leur service, nous devons connaître et satisfaire leurs besoins et leurs attentes si nous voulons leur apporter de la valeur ajoutée. Or, les femmes tombent souvent dans le piège qui consiste à croire qu'elles perçoivent mieux les désirs des autres qu'eux-mêmes. Convaincues de leur clairvoyance, elles oublient de poser les bonnes questions lorsqu'elles engagent une transaction.

Céline est conseillère technique dans une société d'engineering. C'est une femme brillante, à l'intelligence aiguë. Elle possède son métier jusqu'au bout des doigts. Ses collègues la consultent volontiers. Il y a quelques années, Céline estima que ses affaires ne progressaient pas aussi bien qu'elle le souhaitait. À plusieurs reprises, elle avait réussi à vendre un premier projet à une entreprise mais n'avait pas reçu de second appel d'offre.

Un jour, un client avec lequel elle s'était liée d'amitié lui avoua que son entreprise appréciait son expertise mais regrettait sa rigidité. Cette révélation la laissa éberluée. La jeune femme pensait en effet qu'elle fournissait le meilleur service qui soit, dans le respect de l'intérêt du client. Et elle découvrait que son insensibilité aux exigences matérielles et aux contraintes de ses clients la desservait auprès d'eux. Ils la considéraient comme une partenaire intraitable et peu coopérative.

Le choc fut rude, mais Céline était suffisamment intelligente pour comprendre que cette information constituait un véritable cadeau. Si l'entreprise de son interlocuteur avait cette opinion peu flatteuse d'elle, il allait de soi que d'autres la partageaient sans avoir jamais manifesté leur désapprobation. À l'instar de la majorité des clients mécontents, elles s'étaient bornées à ne plus faire appel à ses services.

Une simple modification de ses habitudes de travail suffit à la jeune femme pour redresser la situation. Après avoir diagnostiqué les besoins de ses clients et présenté ses suggestions et ses recommandations, Céline prenait le temps de s'informer des attentes réelles de chacun avant de lancer définitivement le projet. Lorsque ses propositions étaient accueillies avec scepticisme, au lieu de taxer le client d'ignorance et de lui vendre de force son idée, elle prenait la peine de l'écouter et de s'informer. Elle avait compris que l'opposition qu'il manifestait à l'origine était souvent due à un défaut de communication ; la poursuite des discussions permettait de combler le fossé qui séparait les deux parties. Dans certains cas, les suggestions des clients se révélèrent si judicieuses que la jeune femme les accepta et les reprit à son compte pour d'autres projets.

Céline est l'exemple poussé à l'extrême de l'individu à ce point persuadé de son intelligence et de sa supériorité qu'il traite avec condescendance ceux dont les talents n'apparaissent pas avec autant d'éclat. N'oubliez pas cette leçon : il existe plusieurs méthodes pour aboutir à un même résultat. Conservez de la distance par rapport à votre réussite, n'en devenez pas victime.

MES CONSEILS

- Cherchez à faire ce qui est approprié au lieu de vouloir faire ce qui vous semble bien. Ne tenez pas pour une marque de faiblesse le fait de changer d'avis lorsque les circonstances l'imposent.
- Soyez attentive aux besoins de vos interlocuteurs. Reportez-vous au piège n° 9 qui traite de l'interaction avec les autres et de la réciprocité des services rendus.

- Faites la différence entre aller à la quête de l'opinion de vos partenaires et comprendre leurs exigences. Dans le premier cas, vous effectuez une sorte de sondage parce que vous êtes incapable de vous déterminer de manière autonome (voir le piège n° 15). Dans le second, vous utilisez votre connaissance des besoins de chacun comme un élément d'information pour alimenter votre décision.
- Lorsque vous vous heurtez à une résistance, évitez la surenchère. Cette tactique ne sert qu'à cristalliser les antagonismes et à créer une situation sans issue. Considérez au contraire toute manifestation d'opposition comme un signal qui vous invite à passer à l'étape de l'écoute active.

ACTION PRIORITAIRE ☐

Chapitre 3

Quels rôles jouez-vous ?

William Shakespeare nous rappelle dans *Comme il vous plaira* :

> *Le monde entier est une scène,*
> *Hommes et femmes, tous, n'y sont que des acteurs,*
> *Chacun faits ses entrées, chacun fait ses sorties,*
> *Et notre vie durant, nous jouons plusieurs rôles.*[1]

Dans le monde du travail, la réussite dépend de la capacité à connaître son rôle et à le jouer. Loin de moi cependant l'intention de vous inciter à vous montrer sous un faux jour. À l'instar des acteurs et des actrices, jugés d'après leur faculté de rendre crédible le personnage interprété, nous sommes, nous aussi, jaugées d'après notre aptitude à maîtriser toutes les nuances de notre rôle de femmes investies de responsabilités professionnelles.

Chaque chapitre décrit des attitudes concrètes, qui témoignent de notre manière d'agir au quotidien. Le présent chapitre se singularise en ce sens qu'il étudie plus particulièrement les modes de conduite subtils et stéréotypés qui donnent une image trompeuse des femmes, ne reflétant ni leur potentiel, ni leurs compétences véritables. Comme je l'ai déjà indiqué, aucun comportement pris isolément n'est significatif, mais associé à d'autres, il peut révéler chez celle qui l'adopte la naïveté, le besoin de reconnaissance, le manque de confiance en soi.

1. Traduction Jules Supervielle, La Pléiade.

Piège n° 15

Sonder l'opinion des autres avant de décider

Depuis plus de cinq ans, Laurence dirige l'audit des comptes dans une importante compagnie pétrolière. Tout le monde lui reconnaît d'exceptionnelles compétences. Lorsqu'un poste de haut niveau fut à pourvoir dans le groupe, elle figurait en bonne place sur la liste des candidats sélectionnés. Cependant, Laurence possède cette particularité de ne vouloir ou de ne pouvoir prendre la moindre décision sans avoir auparavant longuement sollicité l'avis de son entourage. Ce trait de caractère lui confère la réputation d'une personne incapable d'agir dans l'urgence. Il la disqualifia pour le poste envisagé qui nécessitait de réels talents de décideur.

Laurence pratique ce que je nomme le « sondage d'opinion ». La participation est certes une option managériale légitime, voire souhaitable, mais l'inaptitude à se déterminer sans quêter l'assentiment des autres constitue un défaut rédhibitoire. Les femmes y recourent volontiers dans le désir de parer à d'éventuels désaccords. Elles imaginent qu'en s'assurant d'emblée l'approbation générale, elles se prémunissent contre la critique. La plupart des gens font cependant peu de différence entre le franc-tireur qui décide seul, dans l'indifférence aux opinions d'autrui, et le pusillanime, incapable de décider ou dépourvu de confiance en lui, tributaire de l'impulsion fournie par les autres. Dans le cas de figure idéal, toute décision devrait résulter de l'interaction d'une conviction individuelle et d'apports extérieurs.

MES CONSEILS

- Ne quêtez pas systématiquement l'aval de votre supérieur. Faites vos premières armes en prenant des décisions sur des sujets mineurs.
- Demandez-vous ce que vous perdriez en agissant de manière autonome. Tentez d'explorer les mécanismes internes qui vous rendent dépendante de l'approbation d'autrui. Lorsque vous en aurez découvert les ressorts, vous pourrez programmer un nouveau message.
- Ne pêchez pas par l'excès inverse. Il existe des moments où il s'avère indispensable de solliciter l'avis et/ou l'approbation de plusieurs personnes, notamment dans le cas de décisions qui impliquent un coût ou un risque élevé.

ACTION PRIORITAIRE ☒

Piège n° 16

Avoir besoin d'être aimée

« Vous venez de me prouver que vous m'aimez ! Aujourd'hui enfin, vous m'aimez ! » Cette déclaration de Sally Field, recevant l'Oscar de la meilleure actrice en 1984 pour le film *Les Saisons du coeur,* illustre à quel point le besoin d'être aimée peut faire obstacle à la réussite professionnelle. Jusqu'à cette date, la filmographie de l'actrice se limitait à des fictions de second ordre et à une apparition aux côtés de Burt Reynolds dans *Cours après moi, shérif*. Son aveu ingénu marqua un tournant dans sa carrière. On lui proposa des rôles à la mesure de son talent, elle évolua vers la direction d'acteurs et la production et transforma radicalement son image auprès du public.

La popularité ou le capital sympathie représente un facteur de réussite déterminant. Elle commande plus fréquemment qu'on le croit les promotions, les engagements, les rétrogradations, les licenciements. Au fond de chacune de nous se dissimule une petite fille en mal d'affection, ce qui me semble légitime. Les ennuis commencent lorsque la petite fille prend le pas sur l'adulte rationnelle.

Le désir d'être aimé est si profondément ancré chez certains qu'il modèle tous leurs actes. Or, il importe de faire la différence entre l'amour et le respect. Si la recherche du premier prime sur tout le reste, le second vous fera défaut. Votre soif d'approbation vous empêchera de prendre les risques nécessaires pour gagner le respect de vos pairs ou de vos supérieurs. À l'inverse, si vous vous souciez exclusivement de vous faire respecter et non aimer, vous vous priverez peut-être de soutien à l'intérieur de votre propre camp. Paradoxalement, ce sont les gens à la fois aimés et respectés qui réussissent le plus brillamment.

MES CONSEILS

- Combattez en vous le besoin d'être aimée de tous et à tout moment. C'est une impossibilité.
- Interrogez-vous sur l'origine de votre incommensurable soif d'estime. Des questions telles que « De quoi ai-je peur en étant moi-même ? » et « Que m'a-t-on appris dans mon enfance sur l'importance d'être aimée ? » peuvent vous aider à déterminer les raisons de cette exigence. Si vous trouvez les réponses à ces questions, vous éprouverez plus de facilité à vous libérer de ce carcan affectif.
- Respectez l'équilibre entre la satisfaction des besoins des autres et celle de vos propres aspirations. Avant de donner votre accord à contrecœur, interrogez-vous sincèrement sur l'ampleur réelle du désagrément ou de la déception que vous provoquerez par votre refus.
- Lorsque les gens expriment de la contrariété ou de la colère à notre égard, c'est souvent pour nous amener à suivre leur volonté. Ne vous laissez pas abuser par ce stratagème.

ACTION PRIORITAIRE ☒

Piège n° 17

Ne pas avoir besoin d'être aimée

Non, vos yeux ne vous jouent pas un mauvais tour ! Certaines femmes tombent effectivement dans ce piège, qui est l'inverse du précédent. La peur d'être perçue comme quelqu'un de facile à berner en conduit plus d'une à adopter l'attitude « je ne suis pas là pour remporter la palme de la sympathie ». Mais moi je suis ici pour vous prouver le contraire…

Marion possède un cœur d'or. Elle se sent réellement concernée par son prochain. C'est également une personnalité brillante et d'une compétence rare. Malheureusement, lorsque nous nous sommes rencontrées, personne ne savait rien de ces qualités. Son entourage professionnel la voyait comme un tyran perfectionniste, essentiellement concentré sur le résultat et sans considération pour les préoccupations et les états d'âme de son équipe. Son comportement était motivé par la crainte sous-jacente que l'on découvre son véritable caractère fait de sollicitude et d'empathie pour les autres et que l'on cherche à l'exploiter. Elle compensait ce sentiment en s'enfermant dans une sévérité de façade. À l'instar de beaucoup de femmes, Marion devait apprendre à laisser émerger le côté humain, typiquement féminin de sa personnalité tout en tirant parti de ses qualités masculines plus adaptées à ses responsabilités de manager.

MES CONSEILS

- Le trait de caractère qui consiste à ne pas manifester de besoin de tendresse ou à ne pas se soucier de l'image que l'on donne aux autres peut tirer son origine d'expériences remontant à la prime enfance qui incitent l'individu à se protéger de la relation à l'autre.
- Débarrassez-vous du préjugé voulant que *la familiarité empêche le respect*. Cette croyance est fausse et il ne tient qu'à vous qu'elle le reste.
- Prêtez une oreille attentive aux moindres confidences. Tout le monde a besoin de se faire entendre.
- Lisez *L'Intelligence émotionnelle au travail*, de Daniel Goleman[1]. L'auteur inventorie les qualités et les aptitudes requises pour réussir sa vie professionnelle et explique leur rôle et l'art de les développer.
- Constituez-vous un solide réseau de relations. Le jour où vous en aurez besoin, il sera trop tard pour vouloir le créer.

ACTION PRIORITAIRE ☐

1. Daniel Goleman, *L'Intelligence émotionnelle au travail*. Éditions Village Mondial.

Piège n° 18

S'abstenir de poser des questions par peur du ridicule

Combien de fois faudra-t-il nous répéter qu'*il n'y a pas de questions idiotes*, avant que nous ne nous décidions à l'admettre ? Malheureusement, nous continuons à mettre en pratique le vieil adage selon lequel *mieux vaut garder la bouche fermée quitte à passer pour une imbécile que l'ouvrir au risque de confirmer cette impression*. Eh bien je m'inscris en faux contre cette affirmation. Les femmes n'ont que trop tendance à conserver le silence ; il ne me paraît pas nécessaire de les y encourager davantage. Le courage de poser une question légitime (et non une affirmation déguisée en question, j'y reviendrai ultérieurement) est plus une marque de confiance en soi que d'ignorance. Au cours de mes trente années d'expérience de l'entreprise, j'ai acquis la certitude que, lorsqu'une chose me paraît sibylline, il en va souvent de même pour ceux qui m'entourent.

Dans les réunions, les femmes ne posent pas de questions car elles craignent de faire perdre leur temps aux autres membres de l'assistance. Lorsque vous hésitez, demandez-vous simplement ceci : « La réponse est-elle susceptible d'intéresser d'autres personnes que moi ? » Si la réponse est positive et si vous savez que vous aurez l'occasion de réitérer la question après la réunion, patientez jusqu'au moment adéquat. Dans le cas contraire ou si vous n'avez pas la possibilité d'obtenir la réponse ultérieurement (il n'y a pas d'autre rencontre prévue ou l'intervenant est indisponible), n'hésitez pas une seconde. Ménagez cependant la sensibilité des autres participants. Si vous êtes déjà intervenue à plusieurs reprises, si vous remarquez une certaine fébrilité parmi l'assistance ou si la réunion a pris du retard, réfléchissez à l'opportunité de vous manifester.

MES CONSEILS

- Quand vous ne comprenez pas, posez des questions. Cela vaut mieux que de partir dans la mauvaise direction.
- Lors d'une réunion, observez vos voisins. Vous remarquerez immédiatement s'ils sont perplexes ou si quelque chose leur échappe. Saisissez l'occasion d'aider l'assistance en déclarant : « Je lis sur le visage de mes collègues certaines interrogations. Pourriez-vous nous donner des exemples ou reformuler ce que vous venez d'exposer ? »
- Fiez-vous à votre instinct. Si vous ne comprenez pas, c'est parce que le discours n'est pas intelligible.
- Recourez à des paraphrases simples pour clarifier la situation. Par exemple : « En résumé, nous disposons de six mois pour terminer la phase 1 du projet, de trois mois pour la phase 2 et de six mois pour mener à bien la phase 3. » Si vous vous trompez, vous le saurez immédiatement et, dans le cas contraire, vous aurez obtenu la précision qui vous manquait.
- Lorsqu'un membre de l'assistance laisse entendre que votre question est absurde, considérez simplement que c'est son avis et qu'il diffère manifestement du vôtre. Si cette même personne vous prend à parti chaque fois que vous sollicitez un complément d'information, interrogez-la franchement sur les raisons de son attitude négative à votre égard.

ACTION PRIORITAIRE ☐

Piège n° 19

Imiter les comportements masculins

Il ne s'agit pas ici de pérenniser des habitudes acquises dans l'enfance mais d'interpréter un rôle de composition. Certaines femmes possèdent des traits de caractère typiquement masculins. Elles se comportent comme des hommes et se contentent en cela de suivre leur nature profonde. Ce qui leur réussit fort bien. Mais si vous n'entrez pas dans cette catégorie, ne cherchez pas à les imiter. Vous ne jouerez jamais le rôle d'un homme aussi bien que vous interprétez celui de la femme que vous êtes. À cet égard, je rappelle que le but du présent ouvrage est de fournir un arsenal complet de tactiques et de techniques appropriées à votre nature féminine et non de vous apprendre à agir comme un individu de sexe masculin.

Dans le monde du travail, les femmes qui veulent imiter les hommes finissent tôt ou tard par se placer en porte à faux. Car chaque sexe est censé se conduire comme il convient à sa nature. Et lorsque le comportement d'un individu ne correspond pas aux attentes de son entourage, il se crée une dissonance qui engendre de la méfiance et de l'incompréhension. Conformez-vous au rôle que les autres attendent de vous, mais donnez-lui davantage d'ampleur : ne craignez pas d'occuper toute la scène.

Notre spécificité par rapport aux hommes ne doit être ni modifiée ni dissimulée. Certains ne se privent pas de nous faire sentir que nous agissons parfois à contre-emploi mais il s'agit d'un stratagème destiné à nous reléguer au second plan. Ne vous laissez pas manipuler. L'apport des valeurs féminines au monde du travail s'avère à la fois unique et indispensable, particulièrement dans le contexte actuel. La coopération à la place de la compétition, la primauté de l'écoute sur le discours, la supériorité de la diplomatie sur la force brutale sont autant de leçons que je m'efforce d'enseigner aux hommes rencontrés dans le cadre de mon activité de coaching. Néanmoins, tout est affaire d'équilibre. Certains êtres accentuent à l'extrême leur composante masculine ou féminine.

Une mise en garde s'impose cependant. En effet, les règles de comportement varient selon la culture de l'entreprise. Je suis intervenue dans une organisation qui commandait à ses salariés d'agir en « lady » et en « gentleman ». Alors que je conseillai à une femme cadre de donner davantage de voix et de s'affirmer lorsqu'elle prenait la parole, celle-ci déclara que le président du groupe n'appréciait pas l'agressivité chez une femme et qu'elle perdrait son emploi si elle déviait de la norme. Ce que confirmèrent les autres femmes présentes. Mon interlocutrice n'éprouvait aucune difficulté à répondre à cette attente qui était conforme à son caractère.

Supposons que, d'un coup de baguette magique, nous ayons transporté cette femme dans une autre entreprise, où l'assurance et la détermination représentent des conditions *sine qua non* pour se faire entendre. Assurément son attitude l'aurait désavantagée. Sa carrière n'aurait pas connu le même déroulement. Elle n'aurait eu d'autre option que de s'adapter aux exigences ou de changer d'entreprise afin de trouver une culture en accord avec ses tendances naturelles. Heureusement, dans la majorité des entreprises, les règles ne sont pas aussi strictes. Les femmes disposent d'une certaine latitude pour exprimer leur manière d'être sans pour autant se rendre victimes d'ostracisme.

MES CONSEILS

- On ne cesse jamais d'apprendre : remettez-vous en question, examinez vos points forts et vos faiblesses et réfléchissez aux comportements à modifier ou à acquérir. Interrogez votre entourage afin de mieux connaître l'image que vous projetez de vous-même, enregistrez sur magnétoscope votre attitude en réunion, notamment la manière dont vous exposez vos idées ou participez à un stage de développement personnel.
- Les femmes ne peuvent pas toujours s'en tirer en copiant le modèle masculin. Il est néfaste de prétendre le contraire. Vous aurez peut-être un jour à décider s'il est plus important pour vous de promou-

voir votre carrière ou de défier le système. Beaucoup de femmes déplorent d'avoir à effectuer ce choix, mais il existe et il est bien réel.

- Modifiez votre comportement pour obtenir ce que vous souhaitez sans choquer les autres.
- Lorsqu'il est mal vu de taper du poing sur la table en criant très fort, essayez la méthode du disque rayé qui consiste à répéter inlassablement la même requête. Le résultat vous surprendra.
- N'oubliez pas qu'en termes de comportements les attentes varient d'une organisation à l'autre. Ce qui convient dans une entreprise peut sembler inopportun dans l'autre. Respectez les normes culturelles et adaptez-y vos habitudes. Si vous ne vous sentez pas en accord avec les usages en cours, cherchez un environnement professionnel dans lequel vous vous sentirez à l'aise.

ACTION PRIORITAIRE ☐

Piège n° 20

Dire la vérité, rien que la vérité

Pour quelle raison les femmes éprouvent-elles, plus que les hommes, le besoin de laisser échapper des vérités qui les concernent, même quand celles-ci se révèlent peu flatteuses, voire préjudiciables ? Dans une étude récente, on a demandé à des hommes et à des femmes de se décrire. Les hommes, ignorants de leur apparence, ont utilisé des termes concrets et positifs (ou du moins neutres). « Je mesure 1 mètre 90, mes cheveux sont châtains, je pèse 80 kilos. » déclara un homme d'âge mûr, plutôt corpulent. Parfait, et moi je suis Julia Roberts. Les femmes, en revanche, ont eu recours à des expressions plus négatives, telles que : « Mes cheveux grisonnent. J'ai quelques kilos en trop. Dans l'ensemble, je ne suis pas trop affreuse... »

Le même schéma se reproduit lorsque l'on prie une femme d'effectuer le compte rendu d'un projet qui a partiellement échoué. Elle se rend responsable de l'échec et dresse l'inventaire de toutes les erreurs qu'elle aurait dû éviter. Que font les hommes dans une situation identique ? Là encore, ils se montrent objectifs et détachés dans leurs explications. Un homme, accusé d'avoir conçu une méthodologie inadéquate, s'est défendu ainsi : « Le problème ne tenait pas à la méthodologie, il se trouve simplement qu'elle ne reflétait pas les paramètres réels du processus. » Et *qui*, je vous le demande, avait mis au point la méthodologie en question ?

Anne Mulcahy, présidente de Xerox, découvrit à son détriment qu'il n'est pas toujours recommandé de dire la vérité telle qu'elle se présente. Au début de son mandat, elle déclara au monde entier, lors d'une réunion d'investisseurs, que le groupe souffrait d' « un projet d'entreprise non viable ». Le lendemain, le titre perdait 26 % de sa valeur. Il était de notoriété publique que l'entreprise connaissait des difficultés. Madame Mulcahy avait donc conclu à l'inadéquation du projet d'entreprise. « Lorsque j'y repense, avoua-t-elle ultérieurement, j'aurais dû formuler ma phrase différemment, dire par exemple que nous sommes conscients des changements à apporter à notre projet d'entreprise. » Elle continue cependant à préconiser la franchise, en mettant néanmoins en garde contre « les petites phrases susceptibles d'être utilisées hors de leur contexte d'origine… »

Apparemment, Madame Mulcahy ne maîtrise pas encore totalement l'art de donner à la situation un « tour positif ». On peut dire la vérité sans pour autant se placer soi-même sous un jour défavorable. Il faut simplement décrire les faits dans leur objectivité, sans s'autoaccuser ni s'autoflageller.

MES CONSEILS

- Écoutez attentivement la question qui vous est posée et répondez-y simplement et avec objectivité. L'interrogation « Pourquoi le projet n'a-t-il pas été réalisé dans les délais ? » ne vise pas à vous culpabiliser. Son auteur veut uniquement obtenir une explication rationnelle, laquelle tient probablement à deux raisons que vous pouvez énoncer ainsi : « Il existe deux raisons principales. Tout d'abord, nous ne disposions pas de tout le personnel nécessaire pour tenir des délais aussi peu réalistes, et deuxièmement, l'information dont nous avions besoin pour compléter nos données ne nous est parvenue que deux jours avant la date fixée pour la réalisation du projet. »
- Lorsque vous portez une part de responsabilité dans l'erreur commise, n'aggravez pas inutilement votre situation en insistant lourdement sur vos carences. Ne suivez pas votre tendance naturelle à admettre votre culpabilité et à tenter de l'expliquer et, quels que soient vos torts, ne versez pas dans l'autoaccusation excessive. Après tout, l'erreur est humaine. Ne répondez pas en vous excusant, en vous justifiant, en vous défendant. Fournissez des explications claires et neutres.
- Exercez-vous à répéter : « Je comprends vos remarques et je tâcherai de m'en souvenir à l'avenir. » Vous n'exprimez ainsi ni accord, ni désaccord – vous prenez en compte la situation.
- Compensez ou équilibrez chaque réflexion négative par une proposition positive. C'est ce que j'appelle « donner un tour positif ».

Changez ceci :	Pour cela :
J'admets que j'aurais dû m'efforcer de respecter le budget alloué.	Nous n'avons pas totalement respecté notre budget mais nous avons terminé le projet avec de l'avance.
Si seulement j'avais pris davantage de renseignements avant d'engager définitivement ce candidat.	Le candidat ne correspond finalement pas au profil idéal. Mais cela nous a permis de mieux définir nos besoins et nos attentes.
Je ne pense pas représenter la candidate idoine, car je ne possède pas toutes les qualifications figurant dans la description du poste.	Il est vrai que je ne possède pas toutes les qualifications requises, mais je pense être en mesure d'assurer ce poste compte tenu de l'ampleur de mon expérience sur le terrain.

ACTION PRIORITAIRE ☒

Piège n° 21

Confier des informations d'ordre personnel

Ce piège se situe dans la droite ligne du précédent. Il s'agit toujours de révéler la vérité, mais de manière inappropriée. La femme qui a exprimé cette pensée devant moi occupe une fonction managériale. Parmi les salariés placés sous son autorité, elle a remarqué que les femmes ont davantage tendance que les hommes à dévoiler des détails de leur vie privée qui risquent tôt ou tard d'être utilisés contre elles. Elle m'avait recommandée à une de ses collaboratrices, dont les performances avaient brusquement accusé un fléchissement. Lors de notre entretien en tête à tête, cette dernière éclata en sanglots et se lança dans une longue histoire où il était question de sa mère gravement malade, de ses sœurs qui refusaient d'intervenir et la laissaient seule pour prendre les décisions administratives et médicales, et de son conjoint qui venait de faire l'objet d'un licenciement...

Son mal-être et le besoin de partager ses soucis étaient légitimes certes, mais l'entourage professionnel n'avait pas à connaître l'étendue de ses déboires personnels. Ces confidences inopportunes ne pouvaient qu'inciter sa supérieure à penser qu'elle ne réussissait pas à contrôler son état de stress. Et lorsqu'une mission délicate, nécessitant une forte implication, échut au service, elle ne prit pas le risque de la confier à cette jeune femme. La divulgation d'informations personnelles ne représente pas à proprement parler une erreur, mais veillez à ne pas dépasser certaines limites si vous voulez éviter que des aveux intempestifs ne se retournent contre vous.

MES CONSEILS

- Sélectionnez soigneusement les informations d'ordre personnel que vous souhaitez partager et choisissez votre confident avec circonspection.
- Si vous êtes manager ou si vous occupez un poste d'encadrement, tenez-vous particulièrement sur vos gardes. Je donne souvent ce conseil pratique : *soyez la meilleure alliée de vos subordonnés, mais ne les considérez pas une seule seconde comme des amis intimes.*
- Quelle que soit votre position, cadre ou employée, ne tombez pas dans l'excès inverse en vous retranchant derrière une trop grande réserve. J'ai souvent vu des femmes adopter cette attitude pour se protéger. Malheureusement, cette stratégie n'aboutit pas à l'effet escompté. On vous prend pour une personne secrète ou dissimulatrice. *A contrario*, si vous révélez des fragments de votre vie personnelle à bon escient, vous projetterez de vous-même une image plus humaine qui vous aidera à nouer des relations d'estime et de confiance avec votre entourage professionnel.
- Lorsque votre situation personnelle vous empêche de consacrer toute l'attention voulue à votre travail, évoquez le problème avec sincérité et mesure. Déclarez par exemple : « Je traverse une période difficile mais mon travail reste prioritaire. Je n'ai pas l'intention de négliger mes obligations. »

ACTION PRIORITAIRE ☒

Piège n° 22

Prendre des précautions excessives pour ne pas heurter les autres

J'ai maintes fois eu l'occasion d'observer un phénomène intéressant : dans une conversation, lorsqu'un homme propose un avis différent ou contredit son interlocuteur, ce dernier, qu'il soit homme ou femme, n'exprime pas dans sa réaction le sentiment d'avoir été offensé. Il peut être en colère ou blessé mais il accuse rarement l'autre de malveillance ou de mauvaise foi. Les choses se passent différemment dans le cas d'une femme : certaine de se heurter à une résistance, elle n'ose pas formuler ouvertement son opinion et finit le plus souvent par abonder dans le sens de l'interlocuteur par peur de l'affrontement.

Nous retrouvons ici le stratagème si souvent utilisé contre nous afin de nous culpabiliser. Et comme de bien entendu, nous tombons dans le piège. Si quelqu'un réagit violemment à une de vos requêtes ou à une revendication pourtant légitime, vous en déduisez que vous avez agi de manière inappropriée ou que vous avez commis un acte répréhensible. Conditionnée par ce message implicite qui fonctionne comme une censure, vous battez en retraite. Et lorsque cette habitude s'installe, vous validez la tactique de vos interlocuteurs qui feignent d'être outragés pour mieux vous écraser. Vous vous engagez ainsi à votre insu dans un cercle vicieux dont vous ne pourrez plus sortir.

Karl Marx utilisait le terme de *mystification* pour désigner le processus selon lequel les possédants et les riches nient la réalité de la lutte des classes, et nient ensuite leur déni de la lutte des classes. En voici une illustration dans le monde du travail :

Le salarié : Je n'ai pas obtenu d'augmentation depuis deux ans et je souhaiterais vous exposer ce qui me motive à en solliciter une aujourd'hui.

Le DRH : M'accuseriez-vous de négliger vos droits ?

Le salarié : Certainement pas. Je ne vous accuse pas de quoi que ce soit. Je veux simplement évoquer la possibilité d'une augmentation.

Le DRH : Apparemment, vous pensez qu'il y a un problème.

Le salarié : Effectivement, je crois qu'il y a un problème puisque mon salaire n'a pas été révisé depuis deux ans.

Le DRH : Nous avons pourtant mis au point un système qui respecte les droits de nos salariés.

Le salarié : Mais si mon salaire n'a pas été réévalué, cela prouve que le système ne fonctionne pas convenablement. Il y a sans doute là un point qui vous échappe.

Le DRH : Et maintenant vous prétendez que je ne vois pas où se situe le problème.

La situation est à l'évidence inextricable. Les circonvolutions et le cercle vicieux dans lesquels s'enferme le discours ne contribuent pas à résoudre le problème. Découragé, le quémandeur renonce à argumenter de peur de froisser la susceptibilité de son interlocuteur.

MES CONSEILS

- Mettez en pratique la méthode DEScript (voir le piège n°°68) lorsque vous vous préparez à un entretien difficile.
- Quand vous émettez un point de vue différent de celui de l'interlocuteur, énoncez clairement vos intentions. Vous direz ainsi : « Je ne vais pas vous faire croire que je n'ai pas entendu ce que vous affirmez, parce qu'en réalité j'ai fort bien compris. Je veux simplement suggérer une manière différente d'envisager la situation. »
- Préparez votre interlocuteur à entendre un message ardu, complexe ou pénible en ces termes : « C'est un peu difficile pour moi de dire cela, mais je voudrais vous expliquer ma vision de la situation. » Cette précaution oratoire incite en général l'auditoire à la patience et à l'indulgence.

- Quand vous vous apercevez que vos propos continuent de blesser votre interlocuteur, prenez en compte ses réactions et ajoutez posément, en continuant à l'écouter : « Je vois bien que vous vous sentez offensé par.... ». Évitez la tentation de faire marche arrière et de taire vos sentiments.

ACTION PRIORITAIRE ☒

Piège n° 23

Nier l'importance de l'argent

Je connais toutes les statistiques sur l'écart de rémunération entre les hommes et les femmes. Vous aussi je suppose. Loin de moi le désir de minimiser l'importance de cette injustice qui est réelle et significative. Mais à moins de rejoindre le clan des activistes qui militent en faveur de l'égalité des salaires, vous ne disposez d'aucune possibilité de contrôle en la matière. Votre seul moyen d'action se résume à vous poser la bonne question : « Quelle est ma situation à cet égard ? »

L'argent donne le pouvoir. Or, le pouvoir est une chose que les femmes appréhendent mal et qu'elles préfèrent éviter. Demandez à une femme si elle a du pouvoir et elle trouvera mille façons de vous expliquer qu'elle n'en a pas. Ce qui se traduit par un sentiment de malaise par rapport à l'argent et par la conviction qu'elle perçoit un salaire plus élevé que ce qu'elle mérite. Certaines n'attachent à l'aspect financier qu'une importance secondaire ; elles n'ont d'autre ambition que de posséder des revenus suffisants pour pouvoir régler leurs factures.

Je plaisante souvent avec une de mes amies sur le thème « Qu'avons-nous fait de travers ? » lorsque nous entendons parler d'individus qui gagnent des sommes astronomiques ou qui multiplient les dépenses. Sachant que nous avons toutes les deux choisi des professions à vocation sociale (elle est psychothérapeute), notre carrière a pour l'essentiel été consacrée à d'autres objectifs que celui d'amasser une fortune. Pourtant, si je suis heureuse que mon travail contribue à l'épanouissement de mon prochain, je considère aussi qu'il doit me permettre de vivre confortablement. Ces deux conditions ne me paraissent pas s'exclure mutuellement.

Nul ne peut nier cette réalité : on obtient surtout ce pour quoi on est décidé à se battre. Si vous ne percevez pas un salaire convenable ou s'il n'est pas revalorisé selon vos mérites, il est temps de vous préoccuper sérieusement de la contrepartie financière de votre travail. Sans pour autant vous désinvestir de votre activité proprement dite, accordez une part plus importante à votre bien-être matériel et à celui de votre famille.

MES CONSEILS

- Si vous pensez que vos services sont mal rétribués, renseignez-vous pour connaître l'échelle des salaires pour le même type de poste que le vôtre ou dans votre branche d'activité. Effectuez cette recherche sur Internet, par l'intermédiaire d'associations professionnelles ou en interrogeant des amis en qui vous avez confiance sur les rémunérations pratiquées dans leur entreprise (mais ne leur demandez pas de vous indiquer le montant de leur propre salaire !). Dans la mesure où les rémunérations varient en fonction de l'implantation géographique et du domaine d'activité, il n'existe pas de site Web général. Consultez plutôt la rubrique « salaires » sur les moteurs de recherche.
- S'il s'avère que votre rémunération ne correspond pas à vos compétences, préparez un exposé logique et objectif pour faire valoir votre droit à une augmentation. Sollicitez l'aide d'une personne de confiance pour vous entraîner à présenter votre argumentation.
- Souscrivez un abonnement à une revue économique ou financière (et lisez-la consciencieusement) tels que les périodiques *L'Expansion, Le Nouvel Économiste, Capital*.
- Délivrez-vous de l'idée qu'il est grossier ou impoli de parler d'argent.
- Adhérez à un club d'investissement féminin ou fondez-en un.

ACTION PRIORITAIRE ☐

Piège n° 24

Flirter

Combien de milliers de femmes ont rencontré l'homme de leurs rêves au bureau, en sont tombées amoureuses et l'ont épousé ? Cela se produit assez souvent. Même s'il ne constitue pas une mauvaise chose en soi, le conte de fées risque parfois de virer au cauchemar.

Il y a plusieurs années, j'avais parmi mes clientes une jeune femme que tout le monde soupçonnait d'entretenir une relation amoureuse avec le responsable du service. Personne ne parvint jamais à démêler le vrai du faux mais cela n'avait qu'une importance secondaire. Son comportement à l'égard de cet homme justifiait toutes les suppositions – or, chacun sait que la réalité n'est qu'une affaire de perception. Tout dans son attitude justifiait les hypothèses : elle riait un peu trop fort à ses plaisanteries douteuses, offrait de lui rendre de menus services, se rangeait systématiquement à son avis dans les réunions et l'invitait à déjeuner une fois par semaine au minimum alors que les autres membres du service continuaient à travailler.

Quel mal y a t-il à flirter gentiment, me demanderez-vous ? Beaucoup de gens rencontrent leur conjoint sur leur lieu de travail. Malheureusement, à ce jeu de l'amour, ce sont les femmes et non les hommes qui deviennent la risée de tout le bureau et qui supportent les conséquences. Dans le cas que nous venons d'évoquer, ses collègues exclurent la jeune femme de leurs réunions informelles, sources d'informations secrètes, de peur qu'elle ne révèle au patron ce qui s'y tramait. Peu à peu, elle perdit leur confiance et finit par se retrouver isolée, ce qui nuisit à la qualité de son travail

Une autre jeune femme apprit par des tiers que ses collègues l'accusaient de flirter de manière éhontée. Cette révélation la stupéfia ; elle ne comprenait pas les raisons de cette condamnation unanime. Un jour, j'eus l'occasion de l'observer au cours d'un déjeuner avec son patron et la situation s'éclaira brusquement. Tandis qu'il discourait avec complaisance, elle l'écoutait l'air souriant, hochant la tête en signe d'approbation. Je réalisai qu'aux yeux de ses collègues, son attitude pouvait passer pour une tentative de séduction. Mais il en allait tout autrement : elle provenait d'une famille irlandaise traditionnelle où l'on enseignait aux femmes à s'effacer devant les hommes. Que ce soit en tête à tête ou en réunion, elle manifestait son respect à la gent masculine en mettant en sourdine ses actes et ses paroles.

MES CONSEILS

- Ne flirtez pas ouvertement avec vos collèges ou vos supérieurs. Les regards qui en disent long, les conversations à voix basse et les grands éclats de rire qui accueillent des plaisanteries plus ou moins stupides ne sont pas de mise sur le lieu de travail.
- Si vous sortez ou si vous entretenez une relation suivie avec un homme qui fait partie de votre entourage professionnel, soyez discrète. Menez votre affaire de cœur en dehors de votre activité professionnelle et des obligations qui y sont liées.
- N'ayez pas la naïveté de croire que vous protégerez indéfiniment le secret de votre idylle. Vous ne commettez aucun mal, mais préférez la franchise à la dissimulation.
- Lorsque la relation amoureuse se passe entre vous et votre supérieur (ou entre vous et un subordonné si vous êtes la patronne), sachez que vous jouez avec le feu. Mesurez les risques que vous encourez sur les plans personnel et professionnel et n'hésitez pas au besoin à faire appel à un conseil extérieur.

ACTION PRIORITAIRE ☐

Piège n° 25

Se laisser persécuter

Il ne m'arrive pas souvent de rencontrer des individus brutaux. Dans les entreprises que je connais, la plupart des gens expriment leurs sentiments avec tact et diplomatie. Ils s'efforcent de résoudre les problèmes au lieu d'en créer. Cependant, j'ai vécu récemment une expérience pénible avec le vice-président d'une entreprise cliente, furieux d'avoir reçu par erreur une double demande de règlement pour un service que nous avions fourni. Les méthodes qui permettent d'ordinaire de désamorcer les situations difficiles demeurèrent sans effet. J'écoutai ses griefs, les reformulai selon ma propre terminologie pour lui montrer que je l'avais fort bien compris, je résumai ses sentiments, mais rien n'y fit. À court d'arguments, je finis par déclarer : « Je n'ai pas pour habitude de supporter les attaques personnelles. » Un tiers qui assistait à la réunion tenta d'intervenir : « J'ai l'impression que vous vous placez sur la défensive, Lois. » Je répondis calmement : « Lorsque l'on s'en prend à ma personne, je me défends. » À l'issue de la rencontre, mon interlocuteur me prit à part : « Je pense que vous auriez dû adopter une autre attitude. » Je répliquai aussitôt : « Cet individu est grossier, je voulais qu'il sache que je ne me laisse pas intimider. »

Lorsque nous sommes en butte aux tracasseries d'un tyran, nous avons le choix entre deux tactiques : la contre-attaque ou la soumission. Malheureusement, aucune des deux ne possède le pouvoir de modifier la dynamique en cours. Cependant, en avertissant l'autre que vous n'avez pas l'intention d'entrer dans son jeu, vous possédez davantage de chances de l'obliger à rendre les armes – ce qui ne se produit jamais si vous acceptez de vous laisser dominer. Même si son comportement ne change pas, vous lui avez montré votre refus de le tolérer et vous avez ainsi conservé le respect de vous-même. À cet égard, ma volonté de résister contribua à changer la situation à mon avantage. Mon contradicteur adopta un discours plus positif et nous parvînmes à trouver une solution qui lui convenait.

MES CONSEILS

- Recourez aux techniques préconisées (l'écoute, la reformulation, l'évocation des sentiments éprouvés par l'autre) pour désamorcer l'attaque. Elles aident souvent à débloquer la situation.
- Ne mettez pas pavillon bas et ne capitulez pas devant les manœuvres d'intimidation. Certaines personnes y recourent volontiers pour marquer des points ou pour imposer leur volonté. Sondez vos sentiments et exprimez-les avec assurance. Au lieu d'accuser votre interlocuteur de ne pas vous écouter, insistez sur votre point de vue personnel en commençant votre phrase par « je ». Dites plutôt : « J'ai l'impression que vous ne me comprenez pas. » Le ton est moins accusateur et personne ne songera à discuter vos sentiments.
- Faites évoluer le dialogue vers la recherche d'une solution en signalant que vous avez compris le discours de l'adversaire et en l'interrogeant sur ses intentions : « Je comprends parfaitement votre déception en apprenant que la livraison n'est pas encore partie. Réfléchissons à la manière de vous la faire parvenir dans les meilleurs délais. »
- Résistez à la tentation de présenter des excuses. Si cela s'avère indispensable, vous aurez l'occasion de le faire ultérieurement. Ne plaidez pas la bonne foi face à un tyran : cela ne fait qu'ajouter de l'huile sur le feu et vous ancre dans votre position de victime.

ACTION PRIORITAIRE ☐

Piège n° 26

Décorer son bureau comme s'il s'agissait de son salon

Le bureau fait souvent office d'annexe du domicile. Nous y passons d'ailleurs plus de temps que dans la salle de séjour de notre appartement ou de notre maison. Cette constatation ne devrait pas vous inciter à considérer votre bureau comme votre salon. Certes, les femmes sont plus sensibles à l'esthétique de la décoration que leurs collègues masculins. Elles aiment créer un environnement chaleureux et confortable, non seulement pour elles-mêmes mais aussi pour le plaisir de ceux qu'elles y accueillent.

J'ai visité des bureaux où l'éclairage au néon avait été remplacé par des lampes et des lampadaires halogènes (ce qui conférait à la pièce une ambiance plus feutrée), où des canapés profonds, recouverts de coussins, disputaient la place à des bibelots éparpillés çà et là. En fonction du message que vous souhaitez faire passer, l'idée de personnaliser votre espace de travail peut jouer en votre faveur ou se retourner contre vous. Je la déconseille fortement dans la majorité des cas. Elle me paraît plus appropriée pour les professionnelles du conseil que pour celles qui occupent d'autres types de responsabilités.

À l'autre extrême se situent des personnalités comme Christine, médecin dans le groupe hospitalier d'une grande ville, dont le bureau est vierge de toute décoration. Les murs de la pièce ne comportent pas la moindre affiche. Lors de notre première rencontre, j'ai été surprise de l'austérité et de la froideur qui se dégageaient de la pièce. Au fur et à mesure de nos entretiens et après avoir discuté avec les membres de son équipe, j'ai compris que cet environnement reflétait le caractère profond de la jeune femme. Je lui ai conseillé de rendre son espace de travail plus chaleureux en installant des photographies de ses proches et des œuvres d'art qui l'humaniseraient quelque peu.

À l'évidence, notre bureau ou notre espace de travail reflète à la fois notre personnalité et nos valeurs. Cependant, à moins d'être décoratrice d'intérieur, il semble préférable de respecter certaines règles de sobriété et de bienséance dans son aménagement. À trop insister sur notre féminité, nous risquons de perdre en crédibilité professionnelle.

MES CONSEILS

• Le décor de votre bureau doit correspondre à la typologie de votre entreprise. Si sa culture est plutôt classique, privilégiez les œuvres d'art, les coloris et l'ameublement discrets et de bon ton. Dans les secteurs créatifs, vous pouvez vous permettre des choix plus audacieux.

• Votre espace de travail révèle votre personnalité. Soyez donc particulièrement attentive à la manière dont vous le décorez. La plupart du temps, si l'ameublement est fourni, la décoration reste à l'appréciation de l'occupante. Sélectionnez des objets ou des accessoires qui reflètent votre caractère sans pour autant accentuer à l'extrême votre féminité.

• Si vous êtes adepte du minimalisme, placez au moins des photographies de vos proches ou de vos amis à un endroit visible de tous. Ces objets familiers servent à donner de vous une image plus humaine et à fournir le cas échéant un sujet de conversation. Je connais une célibataire qui a placé sur son bureau la photographie de son chien…

• Examinez votre bureau avec un regard neuf. Si une personnalité annonçait tout à coup sa visite, que changeriez-vous ? Pour quelles raisons ? Quels qualificatifs utiliseriez-vous pour décrire votre espace de travail si vous ne saviez pas qui l'occupe ? Voudriez-vous que quelqu'un d'autre emploie les mêmes adjectifs à votre intention ?

• Veillez à l'ordre et à la propreté de votre environnement. Ces qualités sont la marque d'une personnalité organisée qui domine les contingences.

ACTION PRIORITAIRE ☐

Piège n° 27

Nourrir les autres

Sauf si vous vous appelez Mamie Nova, les gâteaux secs, les M&Ms, la guimauve et autres douceurs n'ont pas leur place sur votre bureau. Hillary Clinton a été critiquée lorsqu'elle a défendu le droit des femmes à refuser de passer leur journée dans leur cuisine, mais elle a marqué un point. En effet, nous ne sommes guère tentés d'attribuer un grand sens des responsabilités et des priorités à celles qui se consacrent à nourrir les autres. Cela peut sembler trivial mais le fait est là : on voit rarement des friandises sur le bureau d'un homme.

Le verbe *nourrir* évoque immédiatement le mot *nourrice*, profession féminine s'il en fut. En outre, le geste même d'exposer de la nourriture sur son bureau est une incitation directe à s'arrêter pour discuter un moment (personne n'osant se servir et repartir aussitôt). Or, ces deux actes, l'offre de nourriture et l'invitation à discuter, participent de qualités typiquement féminines.

Bien sûr, la règle admet quelques exceptions. En voici une : Lise Dewey, directrice de la formation et du développement chez Universal Entertainment, m'a rapporté qu'elle encourageait souvent les personnes réputées brutales, dominatrices ou dures (principalement les hommes) à placer un récipient contenant des sucreries sur leur bureau. Sa motivation est évidente : il s'agit de « réchauffer » leur image et de compenser leur agressivité.

Lise montre elle-même l'exemple. Au milieu de son bureau trône une superbe coupe de bonbons, d'une part parce qu'elle affectionne les confiseries (bien que sa silhouette n'en laisse rien paraître), mais aussi parce que, dans le cadre de sa fonction, elle accueille de nombreux interlocuteurs venus l'entretenir de sujets personnels et confidentiels. La présence de bonbons contribue à détendre l'atmosphère et favorise la communication.

Si vous ne voulez pas projeter de vous une image stéréotypée, réfléchissez deux fois avant de poser des sucreries sur votre bureau. Ce conseil s'applique particulièrement à celles qui se reconnaissent dans la majorité des descriptions proposées dans ce livre. L'offre de nourriture ne représente pas en soi une faute mortelle. Encore devez-vous vous garder de l'ajouter aux autres pièges qui vous guettent et qui nuisent à votre crédibilité.

MES CONSEILS

- À moins qu'il ne s'agisse d'une stratégie mûrement calculée, refusez de nourrir les autres.

ACTION PRIORITAIRE ☐

Piège n° 28

Offrir une poignée de main molle

Certes, nous ne possédons pas l'exclusivité de cette erreur, mais nous avons tendance à retenir notre poignée de main lorsque nous saluons quelqu'un. Craignant de paraître trop masculines, nous exagérons dans l'autre sens. Or, la poignée de main est la première impression que vous donnez de vous-même lors d'une rencontre. Elle révèle tout de vous, avant même que vous n'ouvriez la bouche. Sans aller jusqu'à broyer la main de votre vis-à-vis, offrez-lui une poignée de main suffisamment ferme pour indiquer que vous entendez être prise au sérieux. Une pression de la main franche, une phrase concise (du type « Je suis ravie d'avoir l'occasion de vous rencontrer »), un regard direct, voilà à quoi ressemble une salutation en bonne et due forme.

MES CONSEILS

- Exercez-vous à serrer la main de vos amis ou de vos collègues, hommes et femmes. Demandez-leur d'évaluer la qualité de votre poignée de main (trop molle ou trop ferme). Il se peut que vous adressiez une poignée de main trop dure aux hommes et trop hésitante aux femmes. Continuez à vous entraîner jusqu'à ce que vous trouviez le geste propre à véhiculer le message que vous souhaitez communiquer.
- Voici un truc que le père d'un de mes collègues lui a enseigné dans son enfance : tendez la main jusqu'à ce que votre pouce touche celui de la personne en face de vous (essayez, vous verrez que cela marche). Ne vous contentez pas de saisir les doigts. (À propos, combien de pères enseignent à leur fille l'art de serrer la main ?)
- Vous rencontrez une personne pour la première fois. Si elle ne vous tend pas la main la première, prenez les devants. C'est une marque de confiance.

- En fonction de la situation, vous souhaitez manifester de la sincérité ou de la cordialité. Ce cas peut se produire lorsque vous rencontrez pour la première fois un interlocuteur avec lequel vous vous êtes entretenue au téléphone pendant une période assez longue. Relâchez légèrement la pression de votre main et placez rapidement votre main gauche sur le dessus de sa main droite tandis que cette dernière serre votre main. Entraînez-vous jusqu'à ce que ce mouvement vous vienne naturellement.
- En matière de salutation se pose souvent la question de savoir s'il convient de saluer une relation de travail par une accolade. À dire vrai, c'est une question piège. Je conseille d'y renoncer, sauf si l'autre en prend l'initiative. Ce geste peut être interprété comme une marque de familiarité mais il rend la salutation moins formelle.

ACTION PRIORITAIRE ☐

Piège n° 29

Ne pas être capable de s'assumer sur le plan financier

Virginia Woolf réclamait pour chaque femme le droit de disposer d'une pièce pour elle seule. D'autres femmes soutiennent qu'il est beaucoup plus important de posséder son propre compte en banque. Que vous dépendiez financièrement d'un conjoint, d'un compagnon ou de votre employeur, la dépendance entraîne une réduction des choix de carrière et du pouvoir. Le manque de ressources personnelles, l'incapacité à gérer ses actifs ou à préparer l'avenir sont autant d'entraves à la liberté d'une femme.

Comment la dépendance financière peut-elle ruiner une carrière ? L'absence de sécurité matérielle incite à commettre des actions et à prendre des décisions susceptibles d'aller à l'encontre des intérêts professionnels. Par comparaison avec leurs collègues masculins, les femmes se confinent davantage dans des emplois sans réelles perspectives et travaillent au-delà de l'âge de la retraite parce que la précarité de leur situation financière l'exige. Contrairement à eux, elles hésitent à prendre des mesures drastiques mais nécessaires, de peur de tout faire chavirer et de perdre leur poste. Enfin, elles éprouvent plus de difficultés à évaluer les implications de la politique financière de l'entreprise parce qu'elles n'accordent pas suffisamment d'attention à la gestion de leurs propres affaires – ce qui, pourtant, constituerait l'occasion idéale de se familiariser avec la question, quitte ensuite à réutiliser les connaissances acquises dans l'exercice de leur métier.

Certaines femmes sont contraintes de réintégrer sans préparation le monde du travail, parce qu'elles se trouvent brusquement privées d'aide financière suite à une séparation ou à un divorce. J'admets que les responsabilités domestiques permettent d'acquérir des techniques ou des savoir-faire extrapolables à l'activité professionnelle, mais tentez d'en convaincre le responsable du recrutement qui vous reçoit… Il n'en demeure pas moins que les femmes qui entrent tardivement sur le marché de l'emploi connaissent des carrières médiocres et végètent souvent dans des postes subalternes et peu rémunérateurs.

Sophie est l'une de ces femmes. Elle a travaillé toute sa vie pour un seul employeur sans ménager sa peine. Célibataire et sans enfant, elle est propriétaire de son logement et s'est arrangé une existence paisible. Mais parvenue à l'âge de 62 ans, elle ne possédait pas un patrimoine suffisant pour prétendre à la retraite. Quand l'entreprise qui l'employait a été vendue, les anciens dirigeants qui la connaissaient et savaient apprécier son travail furent remerciés, munis de confortables indemnités de départ. Sophie n'occupait pas une fonction suffisamment élevée pour prétendre à ce type de dédommagement.

Avec l'arrivée de la nouvelle équipe, elle découvrit que ses acquis professionnels ne correspondaient pas à ce que l'on attendait d'une personne exerçant ses responsabilités et bénéficiant d'émoluments relativement élevés. La question de la rémunération était néanmoins secondaire : il s'agissait moins de la remplacer par une collaboratrice plus jeune, donc moins coûteuse, que par quelqu'un susceptible de mieux répondre à des exigences différentes. À son âge et à son niveau de salaire, Sophie voyait les choix se réduire. Faute d'avoir préparé son avenir, elle en fut réduite à rester dans une entreprise où elle ne jouissait plus d'aucune considération et à se contenter de tâches sans intérêt pour lesquelles elle était surqualifiée.

MES CONSEILS

- Requérez l'assistance d'un spécialiste de la gestion et de l'investissement et élaborez votre plan de financement personnel.
- Si vous n'en possédez pas déjà un, allez immédiatement ouvrir un compte d'épargne. Peu importe que le montant du versement initial s'élève à 50 ou à 500 euros. L'essentiel est de se lancer. Puis prenez l'habitude de déposer une certaine somme une ou deux fois par semaine.

- Lorsque vous vous rendez au magasin pour acquérir quelques menus articles, réglez avec un billet de 20 euros et placez la monnaie dans une boîte qui fera office de tirelire. Lorsqu'elle sera remplie, transférez les pièces et les billets sur votre compte d'épargne. Renouvelez systématiquement cette opération.
- Ouvrez un Perp ou tout autre type de compte épargne-retraite. Déposez-y la somme maximale autorisée annuellement. Passé 40 ans, augmentez la fréquence et le montant des versements.

ACTION PRIORITAIRE ☐

Piège n° 30

Voler au secours des autres

Corinne vient d'être promue à un poste de responsable. Elle met un point d'honneur à ne pas imposer à ses collaborateurs des tâches qu'elle n'effectuerait pas elle-même. Lors d'un séminaire où son équipe travaillait en petits groupes, Corinne allait des uns aux autres pour offrir conseil et assistance, quand plusieurs participants lui demandèrent aimablement de leur apporter un café. Puis, toujours avec la même politesse, ils la prièrent de réaliser des photocopies du fruit de leur réflexion, ce qu'elle fit de bonne grâce. Et ils finirent par lui réclamer des surligneurs…

À première vue, leurs diverses requêtes ne semblent ni extraordinaires, ni hors de propos. Mais à y regarder de plus près, elles expliquent pourquoi certains membres de l'équipe de Corinne ne respectent jamais les délais et tardent à lui fournir les informations qu'elle exige. À trop vouloir les aider, elle a perdu de son autorité. Ses subordonnés ne la considèrent plus comme leur supérieur hiérarchique mais comme leur égale. Tandis qu'elle préparait le café, actionnait la photocopieuse ou allait chercher les surligneurs, quelques-uns de ses collaborateurs masculins assuraient le leadership dont le groupe avait besoin.

Au début des années 1980, une étude réalisée sous forme de questionnaire adressé à 135 femmes, visant à identifier entre autres choses les processus d'acquisition de la connaissance, a révélé que le fait d'aider les autres par des conseils, par l'écoute, par l'enseignement procurait une meilleure connaissance de soi-même et augmentait la confiance en soi. Comment s'expliquent ces résultats ? Dès l'âge tendre, on persuade les femmes que les autres en savent davantage qu'elles, et que, par conséquent, la connaissance et l'estime de soi s'acquièrent essentiellement *via* l'extérieur. L'aide apportée à autrui est un des moyens dont disposent les femmes conscientes de leur propre valeur pour obtenir que la société valide celle-ci. Ceci explique sans doute que tant de femmes s'engagent dans des professions à vocation sociale ou humanitaire.

Bien que j'adhère sans réserve au concept paradoxal du leader-serviteur de Robert Greenleaf[1], j'estime que trop de femmes prennent cette philosophie au pied de la lettre. Elles rencontrent des difficultés analogues à celles de Corinne lorsqu'elles sont promues à un poste d'autorité ou lorsqu'elles doivent mener une équipe, parce qu'elles ne réussissent pas à passer du statut d'exécutant à celui de dirigeant. Quelqu'un qui s'épuise à des tâches matérielles n'a plus le temps d'élaborer une vision, de donner l'impulsion, de communiquer son savoir-faire, ni d'assurer la fonction d'animateur que l'on exige d'un leader.

MES CONSEILS

- Sachez faire la différence entre le fait d'*aider* et celui de *se laisser exploiter*. Dans un cas, vous fournissez les ressources et le soutien nécessaires aux autres pour réaliser l'objectif prévu. Dans l'autre, vous travaillez davantage que les autres membres de votre équipe ou de votre groupe à votre détriment et pour leur bénéfice.
- Au lieu d'offrir à un collègue ou à un collaborateur de le remplacer, proposez-lui de lui apprendre à mieux effectuer son travail. Les résultats ne seront pas probants dès le début mais ils se révéleront positifs à long terme.
- Interrogez-vous sur vos motivations secrètes. Proposez-vous votre aide pour gagner l'estime voire l'affection des autres ou parce que cela répond à un désir sincère ?

ACTION PRIORITAIRE ☐

1. Théoricien américain du management, auteur d'essais sur la légitimité et l'éthique du pouvoir dans l'entreprise.

Chapitre 4

Quelles stratégies mentales mettez-vous en œuvre ?

Vous ne pourrez vous libérer de vos comportements défaitistes qu'en modifiant l'état d'esprit dans lequel vous abordez la vie professionnelle. Nous possédons pour la plupart nos propres idées sur ce qui est susceptible de nous apporter la reconnaissance à laquelle nous aspirons et sur ce qui risque de nous en priver. C'est ce que l'on nomme les comportements superstitieux ; si nous ne les respectons pas, nous sommes persuadées qu'une épouvantable catastrophe va se produire. Voici quelques exemples de pensées superstitieuses : « Pour mériter une augmentation, il faut que je travaille avec encore plus d'acharnement que les autres. » Ou encore : « Ma patronne va me licencier si je lui avoue le fond de ma pensée. » Ces réflexions se construisent souvent autour d'une conception du travail héritée de nos parents, sans doute justifiée à l'époque mais qui, aujourd'hui, a perdu sa validité. Ces comportements ont sans doute leur raison d'être lorsque nous entrons sur le marché du travail mais ils perdent de leur actualité quand nous accédons à des niveaux de responsabilité plus élevés. Au début de notre carrière, nos efforts pour gagner le respect et retenir l'attention de nos supérieurs portent essentiellement sur la réalisation de tâches immédiates. Le développement de qualités de leadership et d'aptitudes relationnelles ne répondent alors à aucune nécessité. Et, par la suite, il nous semble d'autant plus déchirant de renoncer aux convictions et aux attitudes antérieures qu'elles ont fait leur preuve jusque-là.

L'un des aspects les plus ingrats de l'activité de conseil est d'amener les gens à s'essayer à de nouveaux comportements. On leur impose un énorme sacrifice. Comme lorsqu'il faut se résoudre à abandonner ses vieilles chaussures de tennis, si confortables, dans lesquels les orteils s'étalent avec volupté. Certes, elles avaient fière allure il y a trois ans, mais aujourd'hui il est devenu hors de question de les porter en public… Nous allons aborder dans ce chapitre certaines des croyances qui ont accompagné vos premières années d'activité et que vous devez dès à présent mettre au rancart avant que l'on ne vous mette vous-même à la retraite.

Piège n° 31

Accomplir des miracles

Analysez la situation avec logique. Regardez autour de vous ceux qui font l'objet d'une promotion et dont on reconnaît officiellement les mérites. Réalisent-ils vraiment des miracles ? Les femmes tirent leur fierté de réussir à faire plus avec moins, d'anticiper ou de tenir des délais irréalistes, quand ce n'est pas de résoudre la quadrature du cercle. Elles sont fermement convaincues que les autres vont louer et apprécier leurs efforts à leur juste valeur. Mais elles ne se rendent pas compte qu'avec chaque miracle accompli, elles placent la barre encore plus haut. Non seulement les attentes à leur égard vont croissant mais, tandis qu'elles s'évertuent à battre des records de performance, leurs collègues masculins réalisent leurs objectifs et gagnent en crédibilité et en récompense ce qu'elles perdent en énergie.

Anita a quitté l'univers de la publicité pour entrer dans un célèbre cabinet de consultants. Dans son domaine, elle est unanimement reconnue comme une professionnelle hors pair. Chez son nouvel employeur, selon les propres termes de son patron, « elle a hérité d'une véritable pagaïe ». À force d'arriver aux aurores le matin, de quitter son bureau tard le soir et de consacrer ses week-ends à l'étude de ses dossiers, Anita est parvenue à rétablir la situation et à remettre de l'ordre. Quelle que fût la demande, elle trouvait toujours la solution.

La première année se passa ainsi dans l'admiration de tous mais ensuite les choses se gâtèrent. Chaque jour apportait à Anita un problème inédit à résoudre, les membres de l'entreprise rivalisaient d'exigences vis-à-vis d'elle. Pour satisfaire celles-ci, la jeune femme multipliait les heures supplémentaires. Elle avait fixé des normes si élevées la première année qu'elle ne put les dépasser ni même les égaler la seconde année. N'en concluons pas hâtivement qu'elle aurait dû renoncer à ses efforts et à sa recherche de l'excellence. Disons simplement que son histoire illustre la nécessité de définir d'emblée des habitudes de travail réalistes et de ne pas croire que l'on doit se transformer en superwoman pour être efficace.

MES CONSEILS

- Gérez les attentes des autres. Montrez-vous toujours prête à donner un coup de collier mais n'acceptez pas des objectifs hors de portée. Car, en vertu d'une consigne bien connue, vous auriez déjà dû terminer hier le dossier qui vient d'atterrir sur votre bureau. Refusez de vous laisser exploiter : je vous garantis que votre carrière n'en pâtira pas.
- Fixez-vous un programme journalier et hebdomadaire que vous arriverez à respecter. Les femmes ont tendance à penser que les journées comptent trente-quatre heures. Gardez présente à l'esprit la loi de Parkinson : *le travail se dilate pour occuper le temps disponible*. Si vous arrivez le matin au bureau, persuadée que vous y resterez jusqu'à 21 heures, vous y serez encore à cette heure-là. Mais si vous avez l'intention de le quitter à 18 heures, il est probable que vous en refermerez la porte à 18h15 au plus tard.
- Si vous manquez de personnel, demandez de l'aide ou négociez des délais raisonnables. Suggérez ceci : « J'aimerais sincèrement vous remettre ce travail vers 17 heures comme prévu, mais je ne dispose pas du personnel nécessaire. En revanche, cela paraît envisageable pour demain à 17 heures également. » Cette formule constitue une base de négociation saine qui vous épargnera de veiller jusqu'à minuit.

ACTION PRIORITAIRE ☐

Piège n° 32

Vouloir être seule responsable

Il s'agit d'une variante du miracle. On vient de vous confier un projet mais cela n'implique en aucune façon que sa réalisation repose sur vos seules épaules. N'en déduisez pas immédiatement que vous êtes l'unique personne qui *puisse* ou qui *doive* le mener à son terme. Vous êtes simplement chargée d'organiser son exécution. Vous ne gagnerez pas de bons points à vouloir jouer à l'homme-orchestre. En revanche, vous en obtiendrez si vous vous acquittez convenablement de votre rôle de chef d'orchestre. En fait, la crédibilité d'un responsable se mesure à sa capacité de sous-traiter une partie des tâches ou de créer un véritable esprit de coopération dans son équipe. Il fournit ainsi la preuve de ses qualités de manager. Il ne vous a sans doute pas échappé que lorsqu'un homme assure la conduite d'une mission, sa première action est de déléguer.

Dernièrement, j'ai été amenée à conseiller une femme chargée d'élaborer la politique de mécénat et de solidarité sociale de son entreprise. Il s'agissait d'une première dans ce domaine et la malheureuse se sentait littéralement écrasée par l'ampleur de sa tâche. Elle ne savait où commencer. Au cours de notre entretien, elle comprit que l'on n'attendait pas d'elle un résultat immédiat et que la responsabilité du projet ne lui incombait pas entièrement. Rien ne l'empêchait de solliciter la participation de membres de l'entreprise et l'intervention de représentants de la société civile qui apporteraient dès l'ouverture du projet leurs idées, leur énergie et leurs ressources. À l'issue de notre conversation, elle avait l'impression que ses épaules venaient d'être soulagées d'un lourd fardeau.

MES CONSEILS

- Lorsque l'on vous charge d'une mission ou d'une tâche, refoulez la tentation de vous précipiter dans l'action. Prenez le temps de réfléchir, de planifier, d'identifier les ressources disponibles et d'organiser votre travail.
- Cultivez sans relâche votre cercle de relations à l'intérieur et à l'extérieur de l'entreprise. Car lorsque vous avez réellement besoin de vous appuyer sur vos relations, il est trop tard pour commencer à constituer un réseau. J'évoquerai à nouveau ce point dans le courant de ce chapitre.
- Ne cherchez pas à réinventer la roue. Il n'y a rien de nouveau sous le soleil. Quelle que soit votre tâche, il y a fort à parier que d'autres ont déjà eu à l'accomplir. Le mieux est de rencontrer ces gens et de leur demander de partager leur expertise avec vous.
- Apprenez l'art de déléguer. Et si vous n'avez pas directement des collaborateurs sous vos ordres, faites appel à vos relations pour obtenir de l'aide.

ACTION PRIORITAIRE ☐

Piège n° 33

Suivre aveuglément les consignes

Cela ne vaut pas pour toutes les femmes, mais certaines d'entre nous se conduisent comme un chien cherchant un os dès qu'on leur confie une mission. Dans notre désir de la mener à bien au plus vite, nous ne prenons pas le temps de regarder alentour pour voir s'il n'existerait pas d'éléments susceptibles de nous aider à mieux travailler. Nous nous polarisons sur les détails et nous ignorons l'ensemble. Or, ceux qui progressent sont en général ceux qui respectent le juste milieu entre la tactique et la stratégie.

Je possède la chance d'avoir deux collaboratrices qui maîtrisent parfaitement cet équilibre. Kim est titulaire d'un doctorat de psychologie cognitive et Majella poursuit des études pour devenir illustratrice. Elles ont toutes les deux été recrutées pour faire face à l'afflux de projets nouveaux et d'une clientèle de plus en plus nombreuse. Connaissant ma tendance à ne considérer que la globalité d'un projet, j'avais rapidement pris conscience de la nécessité d'être secondée par des personnes capables de percevoir et de prendre en compte les détails. Kim et Majella m'ont aidée à mettre le doigt sur mes défauts et m'ont donné définitivement de mauvaises habitudes en me déchargeant des tâches dans lesquelles je ne brille pas.

Confrontées à un nouveau projet, au lieu de se précipiter, elles réfléchissent et posent toute une série de questions intelligentes. Leur approche économise du temps, de l'argent et des désagréments. Elle leur évite en effet de travailler dans le vide et de s'apercevoir en cours de route que mon projet présente de graves défauts de conception. Elles apportent une valeur ajoutée à l'entreprise en ne suivant pas à la lettre mes instructions mais en faisant œuvre de réflexion et de planification. Ce qui, en définitive, est une prérogative dont nous aimerions toutes nous prévaloir.

MES CONSEILS

- Organisez des séances de remue-méninges avec des collègues créatifs avant d'aborder un projet ambitieux et complexe.
- Au lieu d'examiner tous les détails du projet, réfléchissez à la manière dont vous pourriez le réaliser plus rapidement, à moindre coût et avec une efficacité accrue.
- Suivez un stage de gestion du stress si vous avez tendance à vous précipiter dans l'action sans prendre le temps de la réflexion.
- Initiez-vous aux échecs. Vous y apprendrez comment élaborer une stratégie.

ACTION PRIORITAIRE ☐

Piège n° 34

Considérer les hommes en position d'autorité comme des figures paternelles

Caroline était une femme intelligente et sûre d'elle, qui menait sa carrière tambour battant. Mais dès qu'elle se trouvait en face d'un homme de rang hiérarchique supérieur, elle perdait sa belle assurance. Elle retrouvait des réflexes de l'enfance, osant à peine répondre aux questions posées ni regarder son interlocuteur dans les yeux. Furieuse de son impuissance à projeter une image plus adulte d'elle-même, elle me pria de la conseiller. De fait, confrontée à ce type d'hommes, elle se conduisait comme une petite fille et était traitée comme telle. Je compris que mes recommandations habituelles sur l'art de s'affirmer et de s'exprimer clairement resteraient inopérantes dans son cas. Car elle savait déjà tout cela. Son problème était qu'elle l'oubliait dès qu'elle entrait en contact avec certaines personnes.

Lors de nos premiers entretiens, je l'interrogeai sur son père. Je ne fus pas surprise d'apprendre qu'il avait servi dans l'armée où il avait terminé sa carrière au rang de colonel et qu'il menait sa famille comme s'il s'agissait d'un commando. Elle le décrivait comme un patriarche autoritaire, prompt à la critique, exigeant à l'extrême. Lorsque je m'inquiétai de savoir comment elle avait survécu à une telle enfance, elle m'expliqua qu'elle avait appris à se comporter en petite fille sage, à obéir aux règles, à travailler avec acharnement à l'école et à ne rien faire qui puisse lui déplaire. Dans sa vie professionnelle, elle continuait à reproduire le même schéma avec ses supérieurs.

À l'inverse, le père de Suzanne était un modèle d'éducateur, aimant et compréhensif. Il encouragea sa fille à aller au bout de ses rêves et lui apporta le soutien affectif nécessaire tout au long de son parcours. Elle vint me trouver parce qu'elle ne comprenait pas pourquoi son patron ne semblait jamais satisfait de ses résultats. Elle était persuadée d'avoir commis des fautes graves. Je connaissais son patron et sa réputation de tyran égoïste et imbu de lui-même. Mais je n'en soufflai mot à Suzanne. Il critiquait tout le monde, personne n'avait l'heur de lui plaire. Suzanne n'avait pas encore compris que tous les hommes ne ressemblaient pas à son père et qu'ils n'auraient jamais pour elle la même indulgence.

Caroline et Suzanne partageaient la même erreur d'interprétation. Elles voyaient dans leur patron une figure paternelle. Or, ce n'est pas en attendant de lui le meilleur ou le pire que vous nouerez avec votre patron ou vos supérieurs en général une relation fondée sur l'objectivité et l'indépendance.

MES CONSEILS

- Si vous vous apercevez que vous adoptez à l'encontre de votre patron ou de tout autre supérieur masculin une attitude qui ne correspond pas à votre comportement habituel, posez-vous les trois questions suivantes :
  1. À quelle personne me fait-il songer ?
  2. Quel est mon comportement en sa présence ?
  3. Comment expliquer que je lui concède un tel pouvoir sur moi-même ?

Les réponses vous permettront de voir pourquoi et de quelle manière vous assimilez votre patron à votre père.

- Recourez à l'autopersuasion pour dissocier les figures d'autorité masculines du personnage de votre père. Lorsque vous participez à une réunion en compagnie de votre supérieur, répétez-vous qu'il n'est pas votre père et que vous êtes son égale. Pratiquez cet exercice aussi longtemps qu'il le faudra pour vous en convaincre et pour corriger votre attitude.
- Ne vous laissez pas parasiter par vos impressions et vos sentiments ; concentrez-vous sur le message et non sur la manière dont il est transmis. Cela vous permettra de l'appréhender en toute objectivité et d'y répondre sur le même mode.

ACTION PRIORITAIRE ☐

Piège n° 35

Limiter ses possibilités

Anne Wilson Schaef[1] note que dans notre culture, les individus qui ont le moins de pouvoir vivent toute leur vie dans un espace dominé par ceux qui détiennent le pouvoir. Ainsi, les hommes , compte tenu de leur position au sommet de la hiérarchie, décident-ils des comportements de chacun, y compris en ce qui concerne les femmes. Prenons l'exemple de la Cour suprême aux États-Unis. Jusqu'à la nomination de Sandra Day O'Connor, qui ne date que de 1981, le pays tout entier était soumis à une juridiction gouvernée par des hommes. Selon Anne Wilson Schaef, sans que nous en ayons conscience, le fait de vivre une existence aussi limitée restreint nos choix. Nous en arrivons à nous persuader que notre marge de manœuvre est étroite alors qu'en fait nous contribuons nous-mêmes à la réduire au lieu de l'exploiter pleinement.

Il y a peu de temps, j'ai été consultée par une femme cadre qui voyait s'ouvrir devant elle une magnifique opportunité de carrière, mais qui hésitait à poser officiellement sa candidature alors qu'elle possédait toutes les qualifications requises. Plusieurs années durant, elle avait occupé le poste de directrice adjointe d'une organisation à but non lucratif. Elle avait vu se succéder plusieurs directeurs (des hommes exclusivement), sans songer à postuler elle-même à la fonction. Le conseil d'administration était composé d'hommes plutôt conservateurs qui n'avaient jamais envisagé de lui confier le poste lorsqu'il se libérait. Elle en avait déduit que sa candidature ne possédait aucune chance d'être prise en considération.

À l'issue de notre premier entretien, il nous apparut clairement à toutes les deux qu'elle détenait le talent et l'expérience nécessaires mais qu'elle manquait cruellement de confiance en elle. Son milieu familial, béat d'admiration devant un frère plus âgé, lui avait rapidement fait comprendre qu'en dépit de ses indéniables qualités, elle n'arriverait

1. Auteur de *Women's Reality* (La réalité féminine).

jamais à la cheville de son aîné de génie. Elle avait parfaitement enregistré le message et se contentait depuis lors de jouer les seconds violons.

Lors de notre deuxième entrevue, je tâchai de découvrir le motif de cette ambition soudaine après de nombreuses années passées dans l'ombre de quelqu'un. Elle venait de s'apercevoir que ses amies et ses collègues entrées dans la vie active au même niveau qu'elle, occupaient déjà des fonctions de directeur général ou de président directeur général. Son revirement était dû à de la déconvenue mais aussi au sentiment d'avoir épuisé l'intérêt de son poste actuel et au désir de relever un nouveau défi.

Dès notre troisième rencontre, la jeune femme avait élaboré un plan d'attaque visant à présenter et à défendre sa candidature. Deux mois après (le conseil d'administration avait pris son temps !), celle-ci était acceptée et, au bout de trois mois, ma cliente s'asseyait dans le fauteuil de direction.

Dans une société qui renvoie de manière plus ou moins déguisée les femmes « à la place qui leur revient », il est capital de faire sauter les verrous des modes de pensée traditionnels. L'une des femmes les plus puissantes (voire la plus puissante) de l'industrie du spectacle est Sherry Lansing, directeur général de Paramount Pictures. Sachant que personne ne lui offrirait la chance de diriger un studio, elle décida de créer sa propre société de production. Le succès retentissant des films *Liaison fatale* et *Les Accusés*, produits par ses soins, lui attira la considération des majors. En peu de temps, elle fut invitée à jouer dans la cour des grands et à prendre en charge la direction de Paramount. Son histoire nous enseigne ceci : si vous vous enfermez dans les limites décidées par d'autres, vous ne connaîtrez jamais toute l'étendue de vos potentialités ...et les autres non plus.

MES CONSEILS

- Élargissez l'univers de vos possibilités en répertoriant les alternatives qui se présentent à chaque tournant de votre existence. Si vous manquez de visibilité, sollicitez le conseil d'un proche ou d'un ami.
- Réfrénez les discours réducteurs du type :

  « Je ne pourrais jamais faire la même chose que Cathy. Je ne possède pas son courage. »

  « Ils n'approuveront jamais mon idée en dépit des nombreuses preuves que j'apporte. »

  « Je ferais aussi bien de ne pas postuler à cet emploi. Je ne suis pas la plus qualifiée. »

  « Je ne suis pas assez brillante pour décrocher un doctorat. »

  « Je n'aurai jamais assez d'argent pour prendre ma retraite à l'âge normal. »
- Luttez contre la tendance à écarter systématiquement les choix qui sortent des sentiers battus. Avant de vous engager dans une voie, réfléchissez à tête reposée à toutes les solutions possibles. Vous avez peut-être renoncé trop tôt à celle qui s'avère en fin de compte la plus adaptée.
- Parcourez la biographie des femmes célèbres et tentez de comprendre comment elles sont parvenues à élargir leur champ d'action.
- Ignorez les esprits négatifs. Tout le monde avait mis en garde Mary Kay Ash[1] contre son projet de fonder une entreprise de cosmétiques. Que diraient ces prophètes de mauvais augure en consultant aujourd'hui le bilan du groupe Mary Kay ?

ACTION PRIORITAIRE ☐

1. Mary Kay Ash est née en 1915. Sa marque célèbre aux États-Unis est distribuée par vente en réunion.

Piège n° 36

Refuser le système de réciprocité des services rendus

Personne ne l'admet volontiers, mais toute relation repose implicitement sur un système de compensation entre les prestations fournies et les prestations reçues. La transaction s'effectue dans certains cas au grand jour ; *je t'octroie un salaire et, en contrepartie, tu me fournis l'équivalent sous forme de travail,* ou d'une manière plus subtile, *je te recommande à Z et tu intercèdes auprès de lui pour accélérer le paiement de ma note de frais.* Ce troc qui ne veut pas dire son nom est inhérent à toute relation. Malheureusement pour elles, la plupart des femmes ne savent pas en jouer. Elles pratiquent le don gratuit et n'attendent rien ou peu de choses en retour.

Or, dans la vie professionnelle, il est vital de déceler où se situe l'échange et d'en maîtriser les règles. Qu'est-ce que je peux apporter aux autres et que peuvent-ils me donner pour satisfaire mon désir ou mon besoin ? Chaque fois que vous accordez à quelqu'un une faveur ou un service, matérialisez l'échange par un jeton que vous conserverez. Le but consiste à posséder toujours plus de jetons qu'il n'est nécessaire. Pour gagner à ce jeu, il est néanmoins préférable d'aborder la relation à autrui avec une grande générosité d'esprit.

Contrairement aux apparences, il n'entre dans cette pratique ni volonté de manipulation, ni préoccupation bassement mercantile. Nous l'exerçons d'ailleurs chaque jour sans même y penser. Supposons, par exemple, que je termine votre rapport à votre place parce que vous avez rendez-vous chez le médecin. Mon crédit s'enrichit d'un jeton. Quelques semaines plus tard, j'ai besoin d'une information qui se trouve dans l'une de vos dernières recherches. Je vous rends le jeton lorsque vous me donnez l'information. Il arrive que l'échange s'effectue par le biais de la verbalisation : « Tu te souviens quand je t'ai prêté mon ordinateur portable le mois dernier ? Bon, eh bien j'aurais une petite faveur à te demander… ». Mais, le plus souvent, il reste du domaine de l'entente tacite.

MES CONSEILS

- Lorsque vous vous mettez en quatre pour quelqu'un, faites-le-lui savoir. Vous pouvez déclarer par exemple : « Si tu veux, je peux terminer le rapport avant de partir. En fait, j'avais prévu de voir une amie mais je vais l'appeler pour lui signaler que je serai en retard. » Vous venez de gagner un jeton supplémentaire.
- Ne donnez pas l'impression que tout est facile. Précisez : « Je suis contente de t'annoncer que j'ai réussi à convaincre le service informatique de réparer ton portable en priorité, comme cela tu pourras en disposer pour ton voyage. » Voilà encore un nouveau jeton.
- Ne sous-estimez pas la valeur d'échange de signes ou d'actes apparemment anodins comme le fait de prendre le parti de quelqu'un dans une réunion, de rendre un éloge public, de prêter une oreille attentive ou de partager une information plus ou moins secrète. Les petits ruisseaux font les grandes rivières.
- Encaissez soigneusement vos jetons mais sachez aussi les utiliser. Si vous posez votre candidature à un poste et que l'un de vos débiteurs détienne une information susceptible de vous aider, n'hésitez pas à faire valoir votre droit à la réciprocité. Si vous avez besoin d'aide pour démêler une situation embrouillée, sollicitez un collègue auquel vous avez rendu le même service. Attendez toujours le bon moment : l'échange des jetons ne doit pas s'effectuer forcément en même temps, ni de manière visible.

ACTION PRIORITAIRE ☐

Piège n° 37

Sécher les réunions

Débarrassez-vous de l'idée préconçue selon laquelle les réunions apportent toujours quelque chose, qu'elles sont intéressantes et qu'elles valent la peine que vous y consacriez du temps. Elle participe d'une incommensurable naïveté. Perdez aussi l'habitude de rester des heures à votre bureau pour travailler sur des dossiers *réellement* importants. Là encore, vous avez tort. Chacun sait que la plupart des réunions constituent une énorme perte de temps, au moins en ce qui concerne le sujet traité. Mais l'important n'est pas le contenu. Les réunions servent prioritairement à se montrer et à être vu, à rencontrer les autres, à échanger des salutations ou à faire sa propre publicité. Elles constituent un élément non négligeable du marketing de soi, tel que nous le développerons dans le Chapitre 5, une stratégie de vente de sa propre image que les femmes ne maîtrisent pas encore suffisamment.

MES CONSEILS

- Ne séchez pas les réunions (voilà un conseil à la fois direct et ciblé !).
- Exploitez les réunions comme autant d'occasions de montrer vos capacités ou l'étendue de vos connaissances (sauf s'il s'agit de prendre le compte rendu ou de préparer le café). Si vous possédez des talents d'animatrice, proposez de mener la réunion (cela vaut mieux que de rester assise et de s'ennuyer). Si vous voulez en profiter pour vous constituer un réseau de relations, apportez votre soutien à une personne dont vous partagez réellement les opinions.
- Demandez à participer aux réunions qui vous offriront l'occasion de rencontrer les dirigeants ou de présenter un projet qui vous tient à cœur et pour lequel vous avez besoin de soutien logistique ou budgétaire.

ACTION PRIORITAIRE ☐

Piège n° 38

Sacrifier sa vie personnelle à son travail

N'organisez pas votre existence autour de votre travail. Le PDG d'une des cent premières entreprises répertoriées dans la revue américaine *Fortune* (un homme, cela va de soi) m'a avoué ceci : « Si les membres de mon équipe ne réussissent pas à faire leur travail tout en ayant une vie en dehors du bureau, quelque chose ne va pas. » Quand tout sera dit et accompli, voulez-vous vraiment que l'on grave sur votre tombe : ELLE A TOUJOURS PLACÉ L'INTÉRÊT DE L'ENTREPRISE AVANT LE SIEN ? Vous devez à votre employeur une honnête journée de travail en échange d'une honnête journée de salaire. Vous lui devez également un nombre raisonnable d'heures supplémentaires (rémunérées ou non, mais toujours sans récriminations). Mais vous ne devez pas lui donner votre âme.

L'expérience m'a enseigné que les femmes qui renoncent à leur vie personnelle au bénéfice de leur vie professionnelle n'ont personne à retrouver le soir en sortant du bureau ou n'ont aucune envie de retrouver ce qui les attend chez elle. Il est primordial de posséder des activités ou de rencontrer des gens en dehors de son travail, afin de conserver un esprit alerte et un solide équilibre, garants d'une meilleure productivité. On ne réussit pas sa carrière en sacrifiant sa vie privée.

MES CONSEILS

- Réfléchissez deux fois avant de renoncer à un projet en famille ou avec des amis parce qu'on vous le demande ou parce que vous êtes submergée de travail. Pesez les avantages et les inconvénients de votre décision d'annuler. Certaines situations imposent de modifier ses plans mais cela doit constituer l'exception et non la règle. Sinon, il y a quelque chose qui ne va pas.
- Ne changez jamais un projet avec vos enfants, sauf en cas de force majeure (vous devez, par exemple, sauver votre poste). Et, dans ces conditions, prenez une décision mûrement réfléchie. Pour des raisons financières, vous ne pouvez vous permettre de perdre votre emploi ? Envisagez néanmoins la possibilité de travailler dans une entreprise soucieuse des valeurs familiales.
- Cultivez des loisirs et des passions à l'extérieur de votre travail. Trouvez-vous une bonne raison de quitter votre bureau le soir à une heure raisonnable.
- Quelle épitaphe souhaiteriez-vous voir inscrite sur votre tombe ? Vivez en accord avec ce souhait.

ACTION PRIORITAIRE ☐

Piège n° 39

Accepter des autres qu'ils vous fassent perdre votre temps

Nous avons certainement, inscrite en lettres rouges sur le front, la recommandation suivante : « Allez-y, gâchez ma journée, je suis là pour ça. » Comment expliquer sinon que les gens passent leur temps et nous font perdre le nôtre à discuter de choses qui n'ont aucun intérêt ? Je ne comprends toujours pas pourquoi tout le monde – homme, femme, enfant – fait irruption dans mon bureau en déclarant : « Est-ce que cela t'ennuie que je te pose une question ? Philippe ne peut pas me répondre il est trop occupé. » Et moi alors ? Le temps est le bien le plus précieux que vous possédiez. Or, le temps passé ne se rattrape jamais.

Le métier de femme suppose d'être à l'écoute de l'autre, de l'éduquer, de le soutenir, de le consoler et ainsi de suite… Eh bien moi j'affirme que ces devoirs que l'on exige de nous ne doivent pas nous empêcher de protéger notre capital temps. Car il y a un temps et un lieu pour tout, et le jour où vous avez rendez-vous chez le coiffeur à 18 heures et que votre belle famille vient dîner à 20 h 30, vous n'avez pas une seconde à perdre.

Christine, présidente d'un cabinet de conseil, aide ses clients à gérer leur temps de manière optimum. Lorsque je lui ai demandé si elle notait une différence dans la manière de perdre son temps selon que l'on est une femme ou un homme, elle m'a répondu ceci : « Le besoin de faire plaisir à tout le monde et l'incapacité à refuser est le défaut majeur des femmes. Nous n'aimons ni le conflit, ni les cris. Résultat : nous éprouvons des difficultés à fixer des limites et à affirmer clairement notre position. »

Ne terminez pas la lecture de cette page en pensant que, dorénavant, vous ne consacrerez plus une seule minute de votre temps aux autres. D'une part, ce serait préjudiciable sur le plan relationnel, d'autre part, vous ne pourriez plus espérer ni aide, ni secours mutuels. Je vous conseille simplement de réfléchir à la latitude que vous entendez accorder aux autres, tout particulièrement lorsque le temps vous est compté.

MES CONSEILS

- Sachez distinguer les moments où votre interlocuteur a réellement besoin de vous parler de ceux où il a juste envie de s'entretenir avec vous.
- Répétez après moi : « Tu sais, je continuerais volontiers de discuter avec toi mais mon emploi du temps est plutôt chargé aujourd'hui. Nous pourrions peut-être reprendre cette conversation demain. »
- Voici quelques tactiques conseillées par les spécialistes de la gestion du temps : placez une pile de feuilles ou de dossiers sur les chaises vacantes ; ne posez jamais votre stylo quand quelqu'un entre dans votre bureau, répondez au téléphone, écoutez votre messagerie vocale et consultez vos mails à certains moments précis de la journée et suspendez un écriteau marqué NE PAS DÉRANGER S.V.P. sur votre porte lorsque vous devez terminer un travail urgent.
- Quelques conseils supplémentaires de Christine :
  1. Indiquez clairement le temps dont vous disposez (ou précisez que vous n'êtes pas disponible) sans imaginer que le monde va s'écrouler pour autant.
  2. Si l'interlocuteur n'a aucun sens des limites (c'est souvent le cas lorsque la personne sollicitée est une femme), rappelez-le à l'ordre en ces termes : « Comme je te l'ai dit tout à l'heure, j'aimerais t'accorder davantage de temps aujourd'hui, mais mon emploi du temps ne me le permet pas. »
  3. Si vous devez attendre plus de vingt ou de trente minutes lors d'un rendez-vous pris à l'avance, n'hésitez pas à partir. Qu'il s'agisse d'un déjeuner d'affaires, d'une consultation chez le médecin ou d'un dîner entre amis.

ACTION PRIORITAIRE ☐

Piège n° 40

Renoncer à ses objectifs de carrière

La réussite engendre la réussite. Eleanor Roosevelt affirmait : « On gagne du courage et de la confiance en soi à réaliser des objectifs que l'on croyait hors de portée. » Beaucoup de femmes se laissent détourner de leurs rêves et de leurs buts initiaux. Sur ce sujet, Mary Catherine Bateson, la fille de l'anthropologue Margaret Mead et de Gregory Bateson, a écrit un livre merveilleux et pénétrant, intitulé *Composing a life* (Aborder les tournants de l'existence). Elle y note que, contrairement à celle d'un homme, la vie d'une femme ne s'écoule pas de manière linéaire mais qu'elle subit de constantes ruptures. « Notre vie n'emprunte pas seulement des directions nouvelles. » écrit-elle. « Elle est soumise à des réorientations successives, dues en partie à l'allongement de la vie active et de l'espérance de vie. » Ces changements de cap perpétuels nous empêchent d'établir un plan de carrière précis et de le mener à bien. Et lorsque nous voulons reprendre nos projets là où nous les avons interrompus, nous nous apercevons que le monde du travail n'a plus forcément besoin de nous.

Lorsque je travaillais chez ARCO, j'ai rencontré un grand nombre de femmes intelligentes et cultivées qui, après avoir momentanément délaissé la vie active, devaient se contenter de postes subalternes à leur retour sur le marché du travail. Elles s'étaient imaginé à tort pouvoir reprendre leur carrière au niveau où elles l'avaient abandonnée. J'ai eu l'occasion de superviser le recrutement d'une responsable de la communication pour une entreprise. Une des candidates était titulaire d'un diplôme universitaire en anglais et avait tout d'abord envisagé une carrière de journaliste ou de rédactrice. Pendant douze ans, elle avait assuré diverses fonctions administratives pour de courtes périodes allant de huit à dix-huit mois, à travers tout le pays au gré des mutations professionnelles de son conjoint. C'était une jolie femme, intelligente mais qui reconnaissait volontiers ne pas être au fait des dernières évolutions en matière d'informatique et de bureautique. Une telle lacune et un parcours professionnel chaotique diminuaient d'autant ses chances de l'emporter dans la course pour le poste.

Si elle avait au moins fait l'effort de se former aux nouvelles technologies, j'aurais pu prendre sa candidature en considération. Si elle avait atteint un de ses objectifs personnels – à quelque niveau que ce fût –, j'aurais probablement estimé qu'elle possédait la persévérance et le courage nécessaires pour satisfaire aux exigences de la fonction envisagée. Malheureusement, à l'instar de nombreuses femmes dans sa situation, sa seule chance de décrocher un jour le poste auquel elle aspirait était de repartir de zéro et d'accepter un poste de secrétaire, quitte ensuite à gravir les échelons un à un.

Même si les circonstances de l'existence ne vous permettent pas d'accéder au poste de rédactrice en chef d'un journal prestigieux, ne renoncez pas à votre ambition et suivez l'évolution des techniques et du milieu professionnel. Vous avez probablement en vous les ressources nécessaires pour réussir mais si vous les sacrifiez aux impératifs de quelqu'un d'autre ou à ce que la société attend de vous en tant que femme, vous ne serez pas jugée selon votre potentiel mais plutôt d'après votre histoire personnelle.

MES CONSEILS

- Au lieu d'abandonner définitivement vos objectifs de carrière à la moindre inflexion du cours de l'existence, élaborez un plan d'action pour vous tenir au courant des dernières évolutions dans votre secteur d'activité. Demandez à votre entourage, amis et famille, de vous soutenir dans vos efforts pour rester en contact avec la réalité professionnelle.
- Considérez qu'un diplôme universitaire ne permet pas seulement d'accéder à la réussite dans le travail mais qu'il fortifie aussi la confiance en soi. À supposer que vous n'ayez pas besoin du diplôme pour raisons professionnelles, voulez-vous le passer pour vous-même ? Si votre réponse est affirmative, qu'attendez-vous pour remplir votre dossier d'inscription ?
- Si l'on s'efforce de vous détourner de votre chemin, considérez cela comme normal mais ne vous laissez pas faire. Tout « système »

soumis à un changement, qu'il s'agisse de système politique, écologique, ou familial, cherche à sauvegarder son équilibre en retournant au *statu quo*, c'est-à-dire mettre en veilleuse vos propres aspirations.

- Si vous décidez de vous consacrer momentanément à votre vie familiale en restant à la maison, ne perdez pas tout contact avec votre activité précédente, inscrivez-vous à des rencontres professionnelles, à un cursus universitaire ou à des cours de formation.
- Portez-vous volontaire pour assurer des responsabilités dans un domaine qui vous intéresse. Vous vous initierez ainsi à des techniques qui vous seront utiles le jour où vous réintégrerez le monde du travail.

ACTION PRIORITAIRE ☐

Piège n° 41

Négliger l'importance du réseau de relations

Autrefois, les gens se rendaient à leur travail, recevaient leur salaire et rentraient chez eux l'esprit en repos, sachant qu'aussi longtemps qu'ils effectueraient leur tâche convenablement, ils pourraient dormir chaque nuit sur leurs deux oreilles. On prenait soin d'eux. Ce scénario appartient à un passé révolu. Il fut un temps où IBM était célèbre pour sa politique de stabilité de l'emploi. Même en période de difficultés financières, on ne licenciait pas. Dans le pire des cas, on réduisait l'horaire de travail ou on vous mutait à l'autre bout du pays. Tom Watson, le fondateur d'IBM, s'enorgueillissait de conserver le même nombre de salariés quelle que fut la situation économique. Mais les choses ont changé...

De nombreuses femmes croient encore à ce conte de fées. Elles vont au bureau, accomplissent parfaitement leur tâche, essaient de ne pas faire de vagues et imaginent que cela suffit à les protéger des aléas professionnels. Elles ont tort. Car chacune de nous se situe au centre d'un réseau de relations complexe.

Votre travail suppose entre autres choses d'entretenir des relations avec toutes les personnes de ce réseau. Ne vous croyez pas obligée de passer tous vos dimanches sur un terrain de golf ou d'aller prendre un verre avec des collègues le soir après le bureau, mais si vous voulez réussir votre carrière, apprenez à cultiver vos relations.

Au lieu de vous raconter l'histoire d'une carrière ruinée faute de relations, permettez-moi de vous relater l'aventure d'une femme qui a sauvé son poste grâce à son réseau de connaissances. Alexandra était responsable des ventes pour l'Amérique du Nord chez un fabricant de jouets international. Après plusieurs années de collaboration, son patron a quitté le groupe et a été remplacé par un dirigeant venu de l'extérieur. Alexandra et son nouveau patron s'aperçurent rapidement que leurs opinions divergeaient sur de nombreux points. Leur mésentente créa une situation conflictuelle.

RÉSEAU DE RELATIONS

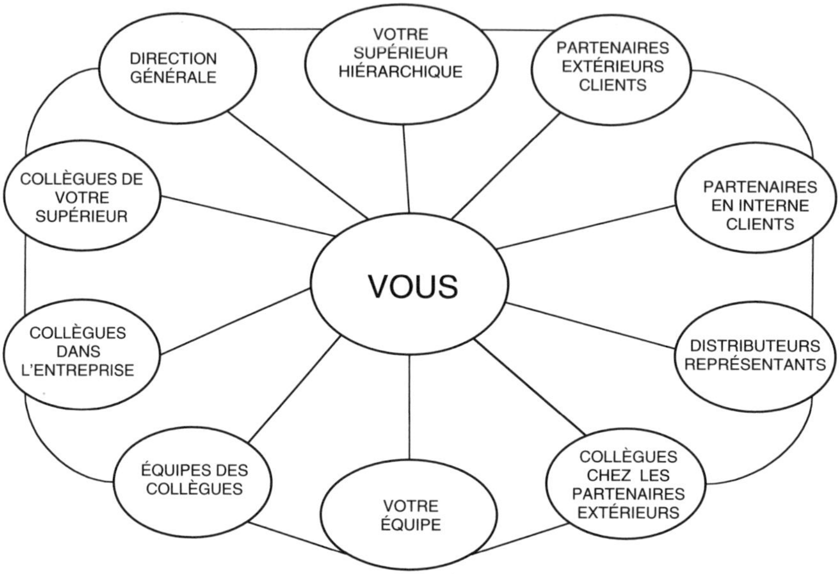

Le supérieur de la jeune femme qui envisageait de la licencier demanda au directeur des ressources humaines de l'aider dans ce projet. Il reconnaissait sa compétence, sa persévérance et la qualité de ses résultats mais il estimait que leur désaccord entravait la politique de changement qu'il comptait mettre en place. Dans le but de justifier sa décision, il chargea le DRH de collecter des informations sur les performances et le comportement d'Alexandra parmi tous les partenaires professionnels de la jeune femme. Il supposait qu'il n'était pas le seul à avoir des difficultés relationnelles avec elle.

La lecture des résultats de l'enquête le saisit de surprise. Alexandra bénéficiait d'un extraordinaire réseau d'amitié et de confiance. Elle avait réussi à établir de solides relations avec les clients de l'entreprise mais aussi avec les distributeurs, ses collègues et ses subordonnés. Tous louaient son éthique professionnelle, son intégrité et son attention aux besoins du client. Si son patron persistait dans l'intention de la licencier, il semblait évident qu'il perdrait toute crédibilité auprès du personnel et des partenaires de l'entreprise. Compte tenu de la situation, il n'eut d'autre issue que de trouver un compromis afin de travailler en meilleure entente avec la jeune femme.

Cette histoire témoigne du pouvoir d'un réseau de relations fiable. Certes, nous ne rencontrerons peut-être jamais un cas de figure aussi dramatique mais il peut arriver que nous ayons besoin d'un appui. N'oubliez jamais ceci : lorsque la nécessité vous contraint à faire appel à votre réseau de relations, il est trop tard pour vouloir le créer s'il n'existe pas déjà.

MES CONSEILS

- Reportez-vous au schéma des réseaux. Sous chaque rubrique, indiquez les noms des personnes qui jouent le même rôle en ce qui vous concerne.
- Élaborez une stratégie visant à développer (ou à cultiver) vos relations avec chacune de ces personnes. Réfléchissez aux échanges de services envisageables avec elles (pour plus de détails, reportez-vous aux pièges n° 9 et n° 36).
- Adhérez à une association professionnelle et participez activement à ses activités.
- Persuadez-vous que « le temps consacré à l'établissement d'un réseau de relations n'est pas du temps perdu ». Bien au contraire ! En effet, la multiplicité des relations élargit d'autant vos possibilités d'accéder à l'information et aux ressources.
- Répertoriez sur un carnet ou sur une base de données les personnes que vous rencontrez et les informations qu'elles vous fournissent.

ACTION PRIORITAIRE ☐

Piège n° 42

Refuser les avantages liés à la fonction

Elisabeth venait d'être promue cadre de direction. Dans son entreprise, comme dans beaucoup d'autres, chaque salarié se voyait attribué un bureau correspondant à sa place dans l'organigramme. Ainsi, ceux qui se situaient au bas de l'échelle devaient-ils se contenter d'un espace de travail au centre d'une immense salle. À l'échelon au-dessus, on bénéficiait d'un bureau doté d'une fenêtre, puis d'un bureau double, et au sommet de la hiérarchie, on pouvait enfin accéder à un bureau d'angle disposant d'une porte, meublé en acajou et tapissé d'une moquette dont le coloris variait suivant la fonction occupée. (Lorsque je travaillais en tant que salariée, j'avais coutume de déclarer que je voulais être promue près d'une porte.) Elisabeth eut droit à un bureau muni d'une fenêtre (et d'une porte) et meublé en faux acajou. Lorsque vint le jour de quitter son bureau double avec fenêtre, elle refusa, arguant du fait qu'un tel déménagement engendrerait des coûts inutiles et des désagréments. Funeste erreur !

Nathalie vécut une situation analogue. Fraîchement promue à un poste de cadre supérieur, elle devait bénéficier d'un vaste bureau au mobilier élégant, d'un ordinateur portable et d'autres menus avantages liés à la fonction. Nathalie attendait le feu vert pour emménager dans son nouvel environnement mais les semaines s'écoulaient et rien ne se passait. Dépitée, elle alla trouver son patron afin d'obtenir des explications. Celui-ci l'informa qu'il venait de recruter un nouveau cadre (un homme bien entendu) qui, faute de place dans le service, allait probablement s'installer dans le bureau prévu pour elle. Au lieu de protester, Nathalie resta dans son ancien espace de travail, trop heureuse d'avoir bénéficié d'une promotion. Double erreur !

MES CONSEILS

- N'acceptez pas un avantage parce que vous le désirez ou parce que vous estimez le mériter. Consentez-y parce qu'il rejaillit sur l'opinion que les autres ont de vous et sur l'image que vous vous faites de vous-même.
- Lorsque l'on « oublie » de vous accorder un privilège qui vous est dû, signalez-le à vos supérieurs. Il s'agit peut-être réellement d'un oubli. À moins qu'ils n'aient espéré que vous n'osiez pas le réclamer (comme d'ailleurs la plupart des femmes).
- Lorsque l'on vous refuse sciemment un avantage lié à votre fonction, demandez des explications. Exigez que l'on vous fournisse sans détours une justification plausible.
- Si vous vous sentez lésée par ce que vous estimez être une marque de mépris à votre égard et si vous êtes prête à subir les conséquences de votre acte, portez l'affaire devant la direction générale. Exposez clairement la situation sans récriminations et sans formuler d'accusations. Dans le pire des cas, votre demande sera rejetée. Il vous appartient ensuite de juger de l'opportunité de vous en tenir là ou de poursuivre.
- Lorsque vous obtenez une promotion, renseignez-vous soigneusement sur les prérogatives qui l'accompagnent. Il arrive souvent que l'information ne suive pas automatiquement ou qu'elle arrive à retardement.

ACTION PRIORITAIRE ☐

Piège n° 43

Échafauder des histoires négatives

Chaque fois qu'un événement trompait ses attentes, ma mère avait coutume de trouver une explication d'ordre négatif. Si elle avait l'impression qu'une connaissance la battait froid, elle en déduisait immédiatement que « le cadeau que je lui ai offert n'était peut-être pas assez beau ». Si ma candidature n'était pas retenue, elle prétendait : « Tu ne portais peut-être pas la tenue adéquate. » Si mon père manquait de peu une promotion, elle l'accusait : « Tu as peut-être insulté ton patron. » Par la suite, chaque fois que les choses ne se déroulaient pas comme je l'avais prévu, je présumais avoir commis une erreur – et je sais que je ne suis pas la seule à adopter ce type d'attitude mentale. Beaucoup de femmes souffrent du même syndrome et pour une raison identique !

Dans la vie professionnelle, cette habitude nous place perpétuellement en porte à faux avec nous-mêmes ou, ce qui est pire, nous empêche de prendre des risques par crainte d'éprouver ensuite des remords. Elle peut aussi inhiber complètement la volonté de changer ou d'aller de l'avant.

Je ne vous citerai qu'un seul exemple. Une des mes anciennes clientes m'a téléphoné, afin de connaître mon avis sur une promotion dont elle était l'objet. On venait en effet de lui offrir d'abandonner son poste d'intervenante ponctuelle pour prendre la direction du service dans lequel elle travaillait. Sachant qu'elle avait été recrutée peu de temps auparavant par l'entreprise, cela constituait une proposition d'autant plus honorifique. Quelques heures à peine après cette suggestion, ma cliente commençait à imaginer toutes les raisons de son futur échec, ne sachant plus si elle devait ou non accepter cette proposition, tremblant à la perspective de décevoir ses supérieurs.

Ses craintes n'étaient pas sans fondement dans la mesure où tout défi est nécessairement porteur d'incertitudes. Mais à force de n'envisager que les côtés négatifs, elle ne parvenait plus à réfléchir aux moyens de parer d'éventuelles difficultés. Je dus déployer toutes mes ressources pour la convaincre que personne n'aurait eu l'idée de lui offrir ce poste si elle ne possédait pas des qualités éminentes, reconnues de tous. Elle finit par se rendre à mes arguments et accepta ses nouvelles responsabilités qu'elle assume d'ailleurs à merveille (ce qui ne constitue une surprise pour personne, sauf peut-être pour elle-même).

MES CONSEILS

- Avant toute chose, remplacez vos histoires négatives par des scénarios plus neutres. Laissez dérouler mentalement le film de la situation en cherchant une explication objective à ce qui s'est passé. Cela vous évitera de vous enliser dans une culpabilité hors de propos.
- Concentrez-vous sur les solutions et non sur les problèmes eux-mêmes. À force de vous laisser submerger par des flots de sentiments négatifs, vous ne verrez pas la solution qui pointe à l'horizon.
- Lisez *Tremblez mais osez !* de Susan Jeffers[1]. Ce livre contient de bonnes vieilles recettes. Suivez au pied de la lettre le conseil contenu dans le titre : ne laissez pas la peur vous empêcher de tenter l'aventure et de réussir. L'auteur offre des solutions concrètes visant à transformer vos pensées négatives en résultats positifs.

ACTION PRIORITAIRE ☐

1. *Tremblez mais osez !*, Susan Jeffers. Éditions Marabout.

Piège n° 44

Se montrer perfectionniste à l'extrême

Convaincues depuis toujours de leur infériorité, de leurs insuffisances et de leurs défauts, les femmes ont tendance à compenser en cherchant à atteindre la perfection. Intellectuellement, nous savons qu'il s'agit d'une cause perdue d'avance, la perfection n'étant pas de ce monde, mais nous succombons à cette chimère chaque fois qu'un manque de confiance en nous ou qu'un sentiment d'incompétence nous taraude. Quelle formidable perte de temps et d'énergie ! Pourquoi ne pas utiliser les heures consacrées à peaufiner des tâches ou à soigner des relations qui n'en ont aucun besoin, à concevoir des activités novatrices ? J'ai déjà indiqué que nous devons nous défendre contre ceux qui nous volent le temps dont nous disposons. La quête de la perfection à tout prix représente une autre facette du même piège ; simplement, dans ce cas, nous gâchons nous-mêmes des minutes et des heures précieuses.

Julie est l'archétype à ne pas imiter. Lorsque je l'ai rencontrée, sa manie de vérifier et de revérifier tous les dossiers qui sortaient de son bureau la conduisait à la névrose. Son obsession de la perfection avait provoqué l'échec de son mariage, lui créait de sérieux problèmes de santé et précipitait ses collègues au bord de la folie. Son extrême exigence éloignait d'elle toute volonté de coopération. Sa carrière subissait les conséquences de son incapacité à lâcher du lest. Par sa rigidité, elle signalait inconsciemment aux autres que rien n'était assez bien pour elle, qu'ils ne seraient jamais en mesure de répondre à ses attentes. Qui voudrait travailler avec ou pour une personne affligée d'un tel état d'esprit ?

MES CONSEILS

- Réduisez volontairement le temps que vous consacrez chaque jour à votre travail ou à traiter un dossier particulier. Si vous ne disposez que d'une heure pour étudier un rapport, faites l'effort de le lire dans ce laps de temps. Ne vous octroyez pas de délai supplémentaire car votre souci de la perfection vous conduira à sacrifier du temps en pure perte.
- Sollicitez l'avis de votre entourage. Avant de vérifier pour la énième fois un dossier, consultez un collègue sur l'opportunité de cet acte. Il se peut qu'une dernière relecture s'avère superflue.
- Si votre comportement laisse supposer une tendance à l'obsession ou des troubles compulsifs, envisagez de consulter un thérapeute qui pourra éventuellement prescrire un traitement destiné à apaiser l'anxiété qui accompagne souvent le perfectionnisme.
- Visez la perfection à 80 %. La différence entre 100 % et 80 % est insensible pour autrui et vous permettra de consacrer plus de temps à d'autres tâches.
- Posez-vous souvent la question suivante : « Est-ce que j'utilise mon temps de manière vraiment appropriée ? » En cas de réponse affirmative, posez-vous cette seconde question : « Pour quel motif ? » S'il s'agit d'améliorer l'image que vous vous faites de vous-même ou de rehausser votre prestige auprès d'autrui, vous souffrez sans doute de perfectionnisme.
- Ne cherchez pas à paraître parfaite, contentez-vous d'être humaine tout simplement. Car vous êtes un être humain avant d'être une femme d'action.

ACTION PRIORITAIRE ☐

Chapitre 5

Quelle est votre image de marque ? Comment vous vendez-vous ?

Si je vous demande à brûle-pourpoint de penser à une marque très connue, quels noms vous viennent immédiatement à l'esprit ? Comme tout un chacun, vous allez probablement citer Kleenex, Coca-Cola et Xerox. Non seulement ces appellations vous sont familières mais elles symbolisent aussi pour vous le produit auquel elles se rattachent. Lorsque nous commandons un Coca au restaurant, la boisson que le serveur pose devant nous ne provient pas nécessairement des usines Coca-Cola. Nous faisons des photocopies à longueur de journée sur des machines qui n'ont pas forcément été fabriquées par Xerox. Chaque fois que nous réclamons un Kleenex à quelqu'un, nous ne désignons pas la marque en tant que telle mais un mouchoir en papier. La réputation des marques de fabrique dépend de deux paramètres : la constance dans la qualité et le marketing. Il n'existe pas de réussite commerciale durable ni de position de force sur le marché sans l'une *et* l'autre.

Le docteur Bruce Heller, spécialisé dans le coaching des cadres et des dirigeants, conseille à ses clients d'imaginer qu'ils sont une marque à commercialiser. « Vous devez considérer le monde du travail comme un marché. Et sur ce marché, le produit à vendre, c'est vous. » Pour créer votre image de marque, définissez tout d'abord les éléments qui vous distinguent des autres concurrents sur le marché, puis vendez ces signes distinctifs en tant que marque.

Chaque femme devrait faire sienne l'une des maximes favorites du docteur Heller, en l'occurrence : *hors de ma vue, hors de mon esprit, hors circuit*. On enseigne souvent aux petites filles à se montrer sans se faire entendre. Lorsque parvenues à l'âge adulte, nous continuons à appliquer ce précepte dans notre vie professionnelle, nous prenons l'habitude de vaquer à nos occupations dans le silence et la modestie. Nombre de femmes se soucient de la reconnaissance comme d'une guigne et retirent l'essentiel de leur satisfaction du fait d'œuvrer pour le bien commun. Résultat : des promotions et des missions valorisantes pourtant méritées échoient à d'autres. Les conseils proposés dans ce chapitre vous aideront à définir votre propre image de marque, à prendre conscience de sa valeur et à développer une stratégie de commercialisation appropriée.

Piège n° 45

L'incapacité à définir son image de marque

Il n'y a pas si longtemps de cela, nous devions pourvoir à la vacance d'un poste dans notre équipe de consultants. Je reçus une candidate titulaire d'un doctorat en sciences de l'organisation et détentrice d'un curriculum vitae impressionnant. Elle semblait posséder l'expérience et la formation requises mais je ne parvenais pas exactement à définir son domaine de compétences. Sachant que notre réputation tient à l'expertise de nos intervenants, spécialistes du développement personnel et professionnel, je lui posai cette question fondamentale : « Parlez-moi de votre compétence principale. » Pendant trente-cinq minutes, elle détailla ses antécédents professionnels, ses centres d'intérêt et les différents éléments de valeur ajoutée qu'elle allait nous apporter. Mais elle n'avait toujours pas répondu à ma question. Je consacrai trois quarts d'heure supplémentaires à réitérer l'interrogation sous plusieurs formes mais ne réussis pas, au bout du compte, à déterminer son unicité par rapport à ses confrères de la même discipline.

Peter Montoya publie une revue consacrée à l'image de marque personnelle. Dans le premier numéro, il écrivait ceci : « Une marque est une promesse de performance qui crée des attentes chez ceux auxquels elle s'adresse. Définie avec soin, elle révèle sans ambiguïté les valeurs, la personnalité et les qualités de l'individu derrière elle. » C'est exactement ce que je tentais de découvrir dans mon entretien avec la jeune femme qui souhaitait intégrer notre équipe. Malheureusement, je ne pus retenir sa candidature compte tenu de son incapacité à m'exposer clairement la spécificité de son image de marque.

MES CONSEILS

- Dressez la liste des deux ou trois tâches qui vous apportent le maximum de satisfaction. En général, nous excellons à faire ce que nous préférons. L'idée de définir vos compétences principales vous aidera à orienter votre carrière dans la bonne direction. Sur votre liste figureront probablement les rubriques *aider les autres, être à l'écoute, trouver des solutions, négocier, rédiger des rapports techniques, diriger un projet, collecter des données, identifier les problèmes, mettre en œuvre des décisions…*
- Traduisez ensuite ces choix en actions concrètes qui constituent autant de compétences clés pour votre entreprise. Par exemple : « Ma capacité d'écoute me permet d'obtenir des informations de personnes *a priori* réticentes à partager leur savoir. Grâce à mes qualités de rédaction, je transpose aisément ces renseignements en données objectives que j'utilise pour définir et mettre en place des solutions. » Répétez ces phrases à haute voix, afin d'être capable de réexposer ces arguments sans hésiter au moment opportun.
- Tentez de déceler ce qui vous distingue et vous valorise par rapport aux autres. La capacité à rassembler des informations et à les reformuler clairement constitue un avantage certain dans une entreprise de production de biens alors que les qualités relationnelles représentent un atout majeur dans les industries de matière grise et les services.

ACTION PRIORITAIRE ☐

Piège n° 46

Minimiser son rôle ou sa position dans l'entreprise

Je ne saurais dire combien de fois la question « Que faites-vous ? » posée à une femme engendre une réponse qui suggère le dénigrement de soi-même : « Oh, je m'occupe d'un cabinet d'avocats », ou « « Je suis juste chargée d'affaires », ou encore « Disons que je gère le service des technologies de l'information ». Ces commentaires ne donnent à personne envie d'en savoir davantage. Ils témoignent d'un sentiment de gêne ou d'un manque de fierté pour la profession que l'on exerce. Pourtant, chaque poste, y compris le moins prestigieux, représente un élément essentiel au bon fonctionnement de l'entreprise. Vous n'êtes peut-être pas présidente d'IBM mais vous n'occuperiez pas votre poste si celui-ci ne servait à rien. Pour vendre avec profit votre image de marque, vous devez reconnaître l'importance de votre rôle dans l'organisation qui vous emploie.

Apprenez à expliquer brièvement la nature de votre activité en insistant sur ses aspects les plus nobles. Ne vous méprenez pas : je ne vous incite pas à mentir mais à dire clairement votre satisfaction de contribuer aux objectifs de l'entreprise. Si vous ne parvenez pas à exposer les grandes lignes de votre travail à quelqu'un qui effectue avec vous un trajet dans l'ascenseur (d'un immeuble de quatre ou cinq étages), vous n'avez pas encore défini complètement votre image de marque.

MES CONSEILS

- Peaufinez votre discours à l'intention de votre interlocuteur dans l'ascenseur. Préférez la concision, évitez les formules dépréciatives et soulignez vos points forts. Ainsi :

  « Je suis coordinatrice de travaux dans un cabinet d'architectes. Mon travail consiste à assurer le suivi des projets et à faire en sorte qu'ils soient réalisés dans les délais ; c'est fondamental pour la qualité de nos services et pour notre réputation. »
  « Je travaille pour une entreprise de transports routiers, où je suis chargée d'encoder les colis pour faciliter et accélérer l'acheminement. »
  « J'ai la responsabilité d'une équipe de cinq commerciaux. Je les aide à dépasser leurs prévisions de vente en les motivant et par un travail de coaching. »
  « Je suis actuellement à la recherche d'un poste dans lequel je pourrai exploiter dix années d'expérience dans la rédaction de manuels techniques sur le maniement et la sûreté de matériels de laboratoire. »

- Notez vos réalisations en utilisant le modèle PAR : Problème-Action-Résultats. Par exemple : « J'identifie les dysfonctionnements et propose des recommandations qui permettent à l'entreprise de réaliser des économies. »

ACTION PRIORITAIRE ☐

Piège n° 47

Se faire appeler par son surnom ou par son prénom

Avez-vous jamais entendu un dirigeant de sexe mâle accepter qu'on s'adresse à lui en utilisant son surnom ? J'en doute fortement. Le recours au diminutif a pour effet de réduire l'importance de ce qui est nommé. Les surnoms et les diminutifs constituent autant de manières affectueuses de s'adresser aux enfants. Ils satisfont la même fonction à l'âge adulte, mais la plupart des hommes renoncent à leur usage dès l'adolescence.

Chaque fois que j'entends une femme répondre au téléphone en ne donnant que son prénom ou enregistrer sur sa boîte vocale le message « Bonjour, vous êtes en relation avec le répondeur de Sarah. Merci de laisser votre message.... », je me demande pour quel motif elle passe son patronyme sous silence. Cette pratique ne correspond à aucune nécessité. Il est rare qu'un homme s'annonce au téléphone par son prénom. Il s'agit d'une différence mineure, certes, mais significative. Le choix de mentionner exclusivement votre prénom vous relègue, une fois de plus, au statut de petite fille. Lorsque l'on interroge un enfant sur son nom, il se contente la plupart du temps de décliner son prénom. Or, c'est en associant son prénom à son nom de famille que l'on signale son appartenance au monde des adultes.

MES CONSEILS

- Même si, depuis votre âge le plus tendre, on vous appelle Cathie, Lili ou Natty, abandonnez ces surnoms câlins et décidez de vous présenter sous votre véritable prénom. Votre entourage en prendra vite l'habitude. Modifiez vos cartes de visite, votre papier à en-tête et la plaque posée sur votre porte en Catherine, Liliane ou Nathalie. Vous y gagnerez en considération sur le plan professionnel.
- Mentionnez systématiquement votre prénom et votre patronyme sur vos messages vocaux, sur vos courriels, lorsque vous vous présentez et lorsque vous décrochez le téléphone.
- Si votre interlocuteur vous désigne par un diminutif, précisez que vous préférez le voir utiliser votre prénom et répétez le message aussi souvent qu'il le faudra.

ACTION PRIORITAIRE ☐

Piège n° 48

Attendre que l'on vous remarque

Lors d'une récente réduction d'effectifs, Jacqueline cherchait désespérément à rester dans l'entreprise, soit en conservant son poste, soit en changeant d'activité. Elle savait qu'à l'abri des portes closes, la direction décidait de son sort et de celui de ses collègues. Tandis qu'elle attendait en proie à une nervosité sans nom, je lui conseillai d'aller plaider sa cause auprès de ses supérieurs et du DRH. Selon moi, elle n'avait rien à perdre et tout à gagner. Elle reçut cette suggestion comme si je lui avais demandé de traverser le hall d'entrée en tenue d'Ève. Non seulement elle n'avait pas la moindre idée des arguments à avancer mais elle ne s'imaginait pas davantage entrant dans le bureau et entamant un plaidoyer à l'adresse du directeur général.

La multiplication des licenciements et la réduction des niveaux hiérarchiques imposent aux salariés de faire reconnaître leur valeur et de montrer qu'ils sont indispensables à l'entreprise avant les premiers signaux d'alerte. Lorsque votre poste est menacé, il devient impératif de prouver que vous apporterez un bénéfice unique à la future structure ou à la nouvelle équipe.

Dans une organisation à niveaux hiérarchiques réduits, la raréfaction des postes rend d'autant plus attirants les projets et les missions qui offrent des débouchés ou l'occasion d'acquérir une formation complémentaire. Ceux qui les décrochent sont en général ceux qui s'arrangent pour faire savoir (de manière plus ou moins subtile) à quel point ils sont indispensables. N'attendez pas que l'on vous remarque, prenez les devants.

Ayez conscience de votre image de marque et mettez-la en valeur chaque fois que l'occasion se présente. Les femmes qui ne savent pas « se vendre » sont souvent les premières victimes des changements de stratégies ou des fusions. Ce n'est pas tant leur absence de capacités qui est en cause que leur modestie et leur inébranlable (mais fausse) conviction que leur valeur finira tôt ou tard par éclater au grand jour.

MES CONSEILS

- Lorsqu'un poste se libère ou qu'un projet vous intéresse particulièrement, posez votre candidature.
- Si vous envisagez une réorientation de carrière, diffusez l'information autour de vous. Il faut que l'on sache que vous êtes prête à relever le défi qui se présentera. C'est en évoquant largement votre disponibilité avec divers interlocuteurs que vous multiplierez vos possibilités de choix.
- Faites connaître vos succès avec habileté. Préparez, par exemple, un état hebdomadaire ou bihebdomadaire de vos réalisations ou de celles de votre service. Créez un inventaire des « pratiques les meilleures » dans votre équipe ou votre service. À l'occasion d'une réunion, informez vos collègues des méthodes employées pour résoudre tel problème ou surmonter telle difficulté qui menaçait votre dernier projet.
- Élaborez un plan marketing. Imaginez le déroulement de votre carrière et *notez par écrit* les étapes à suivre pour aboutir à votre objectif.
- Prenez le temps de continuer à vous former, d'explorer toutes les informations susceptibles de se révéler utiles, de consulter un coach et d'élargir l'éventail de vos compétences. Ces activités vous prépareront à saisir des opportunités et à relever des défis que vous ne soupçonnez pas encore.

ACTION PRIORITAIRE ☐

Piège n° 49

Refuser des missions exigeantes

La directrice des opérations de la filiale d'une entreprise fut invitée à siéger au comité de direction du groupe. Elle avait longtemps déploré que sa hiérarchie n'apprécie pas à sa juste valeur son exploit d'avoir transformé une structure déficitaire en centre de profit. L'offre qu'elle recevait venait enfin récompenser son mérite et témoignait de la confiance que les dirigeants du groupe plaçaient en elle. Or, que fit cette femme ? Elle refusa sous le prétexte qu'elle avait assisté, à plusieurs reprises dans le passé, à des réunions du comité de direction et qu'elle les trouvait vaines et «chronophages ». Les premiers mots qui me montèrent aux lèvres à l'écoute de son explication furent : « Cessez de vous conduire en petite fille. » Elle n'envisageait pas de donner à son activité une autre envergure, elle ne la considérait qu'en fonction de préceptes hérités de son enfance – il faut travailler et ne pas dépenser inutilement l'argent et le temps de l'entreprise.

L'occasion de faire la preuve de vos capacités ne se matérialisera pas forcément par une proposition aussi prestigieuse qu'une invitation à siéger au comité de direction. On peut, par exemple, vous prier d'animer une réunion capitale, de présenter un produit ou un service à un client majeur ou de soumettre un projet à la direction générale. Ce sont autant de missions auxquelles vous ne sauriez vous soustraire si vous possédez quelque ambition.

Je n'ignore pas que votre emploi du temps est surchargé, que les réunions ont une fâcheuse tendance à s'éterniser et que les visites chez les clients nécessitent un énorme travail de préparation pour un résultat parfois décevant. Qu'importe ! Ne laissez pas échapper les possibilités de montrer l'étendue de vos compétences et de rencontrer ceux que l'on considère comme des battants et des locomotives. N'oubliez pas que le succès dépend à 90 % de la capacité à se mettre en valeur !

MES CONSEILS

- Ne refusez jamais une invitation à participer à une négociation ou à présider une réunion. Acceptez avec empressement et, si vous n'avez pas le temps, arrangez-vous pour le trouver. Vous investissez pour l'avenir.
- Lorsque l'on vous propose un poste ou un projet nouveau, donnez votre accord. Si d'autres ont suffisamment confiance en vous pour penser que vous êtes capable d'y réussir, il n'y a aucune raison pour que vous n'en soyez pas convaincue vous aussi.
- Portez-vous candidate à des projets risqués mais prometteurs en termes de carrière. La réussite sourit aux audacieux.
- Proposez de représenter votre équipe auprès des instances dirigeantes. Il est connu que les bénéfices dépassent les risques encourus et cette épreuve constitue un excellent moyen de prendre confiance en vous. Il est vital de vous faire connaître des décideurs.
- Considérez les dirigeants comme vos clients. Apprenez à identifier leurs besoins et donnez-vous les moyens d'y répondre.

ACTION PRIORITAIRE ☐

Piège n° 50

Se réfugier dans la modestie

On élève les filles et les garçons dans le culte de la modestie – mais les filles retiennent si bien la leçon qu'elles l'appliquent toujours avec zèle à l'âge adulte. Or, il y a un temps et un lieu pour tout. Quand on déplace des montagnes, que l'on franchit le mur du son et que l'on accomplit des miracles, la modestie n'est définitivement plus de mise. Si personne ne s'aperçoit de vos exploits, il est de votre devoir d'attirer l'attention sur eux. Mettre votre point d'honneur à donner l'impression que tout s'effectue dans la facilité alors que votre travail a nécessité des efforts dignes d'Hercule ne constitue pas la meilleure technique marketing.

Hélène est l'incarnation de la modestie. En tant que responsable du développement du personnel d'encadrement, elle est chargée avec son équipe d'évaluer les performances des managers, de concevoir des programmes individualisés de formation et d'organiser des séances de coaching. À la suite d'une fusion avec une autre entreprise, sa charge de travail doubla alors que les effectifs de son équipe restaient stables. Elle mobilisa toutes les ressources de sa créativité et réussit ce tour de force d'absorber le surcroît d'activité avec un personnel en nombre insuffisant.

Au moment de l'évaluation annuelle de ses résultats, son patron salua l'exemplarité de sa performance et la gratifia d'une prime exceptionnelle. Ravie de constater que son mérite était reconnu, elle répondit modestement : « que cela n'avait pas posé de problème ». Au début de l'entretien, Hélène s'était promis de demander à bénéficier de main-d'œuvre supplémentaire mais, déstabilisée par les compliments et l'octroi de la prime, elle avait renoncé à transformer son avantage en argument marketing. Cette démonstration de modestie l'obligea à élaborer une nouvelle stratégie pour convaincre son supérieur de la nécessité de sa demande, sachant que « cela n'avait pas posé de problème ».

MES CONSEILS

- Rayez complètement et pour toujours de votre vocabulaire l'expression «oh, ce n'était rien ».
- Lorsque vous rendez compte de vos performances à votre supérieur, donnez-leur l'importance qu'elles méritent. Hélène aurait dû s'exprimer ainsi : «Nous y avons tous consacré de longues heures de travail et une partie de nos week-ends, mais je suis heureuse de constater que le résultat vous satisfait. »
- Quand on vous adresse un compliment, regardez son auteur dans les yeux et répondez par un simple « merci ». Évitez de minimiser vos efforts.
- Transmettez les commentaires concernant la qualité et la valeur de votre travail à votre supérieur.
- Placez en évidence les distinctions ou les trophées que vous avez reçus.
- Constituez-vous une sorte de « press-book », dans lequel vous conserverez les traces de vos exploits : notes de remerciement, évaluation d'une performance exceptionnelle, discours élogieux, articles parus dans le journal interne.... Consultez-les chaque fois que vous commencez à douter de vous-même.

ACTION PRIORITAIRE ☐

Piège n° 51

Rester à l'abri dans son périmètre de sécurité

J'interrogeai un jour un homme sur les raisons qui l'avaient convaincu d'accepter un poste, alors qu'il savait pertinemment ne pas posséder les qualifications requises. Il me répondit en toute simplicité : « Je suis intelligent. J'apprendrai. » Les femmes ont tendance à se confiner trop longtemps dans une même activité, par peur d'être incapables de relever de nouveaux défis. Pour qu'une femme consente à se lancer dans l'arène, elle doit avoir la certitude de détenir toutes les qualités nécessitées par le nouveau poste. Les hommes recherchent plus volontiers que les femmes les missions inconnues ou risquées qui leur permettent de donner toute la mesure de leur talent.

Aujourd'hui, on adopte à l'égard des tenants de l'immobilisme la même méfiance que celle réservée jadis aux salariés incapables de se fixer sur un travail stable. À conserver trop longtemps le même poste, on donne l'impression de manquer d'ambition et d'être inapte à suivre l'évolution de sa profession. Des femmes sélectionnées pour leur compétence particulière dans un domaine refusent le poste proposé parce qu'elles ne s'estiment pas à la hauteur de la tâche. Or, le meilleur moyen d'être définitivement rayée de la liste des talents à haut potentiel est justement de décliner une offre : rien ne pèse davantage sur une carrière qu'une occasion manquée.

Paradoxalement, les adeptes de la sécurité à tout prix n'éprouvent aucune affinité avec ceux qui partagent leur conception du travail. Ils vouent au contraire un culte au dynamisme et admirent les individus enthousiastes et prêts au risque qu'ils souhaiteraient tant pouvoir imiter.

MES CONSEILS

- À moins que les responsabilités liées à votre poste n'évoluent de manière significative, changez d'emploi tous les trois ans et au maximum tous les cinq ans.
- Ne laissez pas la crainte de l'échec vous détourner de postes que vous serez capable d'assumer après une formation rapide.
- Tenez-vous au courant de l'évolution de votre secteur en suivant des cours ou en lisant des ouvrages spécialisés. Si vous n'avez rien appris de nouveau récemment, cela indique que vous ne progressez plus.
- Portez-vous volontaire pour des missions qui font appel à l'ensemble de vos talents ou qui vous permettent d'élargir vos connaissances et votre savoir-faire. Si vous êtes prête à courir un risque calculé et si vous ne redoutez pas l'échec, insistez pour bénéficier d'une formation sur le tas. Ce n'est pas une preuve d'égoïsme mais de courage.
- Le jour où vous prenez un nouveau poste, commencez déjà à penser au suivant. Vous ne changerez peut-être pas de travail avant plusieurs années, mais en étant attentive aux ouvertures possibles, vous ciblerez plus facilement les emplois susceptibles de vous convenir et vous garderez une longueur d'avance sur la concurrence.

ACTION PRIORITAIRE ☐

Piège n° 52

Galvauder ses idées

C'est une histoire d'une effroyable banalité. Une femme a une idée. Elle l'exprime, mais l'idée passe inaperçue. Un homme expose la même idée... et il est promu. À qui revient la faute dans cette affaire ? À la femme, naturellement. Elle a permis que son idée lui soit volée au lieu d'en revendiquer la propriété haut et fort. Pourquoi agit-elle ainsi ? Tout d'abord, elle manque de confiance en elle. De plus, elle ne veut pas apparaître comme une créature égoïste, mesquine, agressive, comme une individualiste forcenée dépourvue d'esprit d'équipe. Chaque fois que vous donnez gratuitement une de vos idées, c'est une part de votre amour-propre que vous abandonnez. Continuez ainsi et vous verrez s'effondrer votre confiance en vous.

Ne tombez pas dans le piège de croire que personne ne respecte vos idées parce que vous êtes une femme. J'ai assisté à de nombreuses réunions et j'ai constaté qu'une suggestion peut être ignorée pour des raisons très simples : son auteur ne parle pas assez fort pour se faire entendre de l'assistance, ou bien elle la chuchote à l'oreille de son voisin qui la répète à haute voix et s'en arroge au passage la paternité, ou encore le moment est mal choisi. Ce sont des facteurs mineurs que vous pouvez transformer à votre avantage.

Outre le fait qu'il ne faut pas céder vos idées, encore s'avère-t-il déterminant de savoir les vendre. Car vos idées ont une valeur sur ce marché singulier qu'est votre lieu de travail. Chaque fois qu'une de vos propositions est mise en œuvre, vous réalisez une vente. Multipliez les ventes et vous verrez s'accumuler ces « jetons » virtuels à échanger contre des faveurs, des missions rémunératrices et valorisantes, ou d'autres types de gratifications.

MES CONSEILS

- Complétez systématiquement l'annonce de votre idée par une question. Essayez ceci : « Je suggère de hiérarchiser les solutions envisagées et d'en sélectionner deux pour application immédiate. Avez-vous des objections sur ce point ? » Ce type de formulation favorise la prise en compte de l'idée et ouvre le débat.
- Lorsqu'un collègue reprend votre idée sous une autre forme, rappelez que vous en êtes l'auteur par ces mots : « Votre suggestion reprend l'idée que je viens de formuler. Cela me semble une base de discussion plutôt saine. »
- Forcez votre voix de façon à être entendue de tous.
- Au lieu de chercher confirmation auprès de votre voisin en lui confiant votre idée au creux de l'oreille, ayez le courage de l'exprimer devant toute l'assemblée.
- Dans la mesure du possible, couchez vos idées sur le papier. Cette précaution leur confère une crédibilité que ne donne pas l'oral et témoigne concrètement de leur origine. L'écrit reste la forme de communication la plus puissante. Certaines personnes accueilleront plus favorablement vos propos s'ils peuvent les lire noir sur blanc.

ACTION PRIORITAIRE ☐

Piège n° 53

Exercer une activité à connotation féminine

Depuis plus de vingt ans, je vois des femmes cantonnées dans des occupations typiquement féminines – secrétaires, assistantes au service du personnel, employées – suivre des cours du soir ou fréquenter l'université afin de progresser dans leur vie professionnelle. J'en rencontre d'autres, titulaires de diplômes universitaires, qui acceptent ces mêmes postes pour entrer sur le marché du travail en espérant par la suite être remarquées et promues. À ma connaissance, ces scénarios offrent peu de réussite à celles qui les choisissent. La stratégie qui consiste à s'enfermer dans un « ghetto féminin » n'aboutit qu'à vous désigner aux yeux de vos supérieurs comme une personne inapte à exercer de hautes responsabilités. Ce préjugé se justifie-t-il ? Non, bien évidemment.

Regardez ce qui se passe dans votre entreprise. Existe-t-il des services qui fonctionnent sur ce modèle ? La direction du personnel et le service communication entrent souvent dans cette catégorie. Que constate-t-on dans le domaine de la santé et de l'éducation ? Le nombre des infirmières dépasse largement celui des infirmiers et on compte davantage d'institutrices que d'instituteurs. La féminisation de ces professions a contribué au maintien de rémunérations qui ne correspondent pas à l'importance du travail fourni.

Vous reconnaissez-vous dans cette situation ? Si tel est le cas, vous ne bénéficiez pas du même statut que les salariés des services où la parité homme/femme est respectée. Le secteur bancaire illustre de manière exemplaire l'évolution de ce phénomène. Lorsque les caissiers étaient majoritairement des hommes, la fonction revêtait un certain prestige. Avec l'arrivée croissante des femmes, ce poste a perdu de son aura et le niveau des rémunérations a baissé. En conclusion, ne vous confinez pas dans des rôles ou des services stéréotypés. La valeur de votre image de marque risque d'en souffrir.

MES CONSEILS

- Recherchez les postes situés dans des services ou dans des secteurs où les hommes et les femmes sont représentés à part égale.
- Si l'on vous propose un poste à forte connotation féminine, assurez-vous qu'à long terme ses avantages compenseront largement les sacrifices que vous consentez aujourd'hui.
- Ne vous portez jamais volontaire pour préparer le café ou faire les photocopies pendant les réunions. Dans le cas où on vous le demande expressément, suggérez un système de rotation ou de désignation en fonction de l'ancienneté (voir le piège n° 89).
- Si vous ne pouvez quitter votre poste actuel qu'à la condition de suivre une formation ou des études, n'hésitez pas une seconde. Le jeu en vaut la chandelle. Vous investissez pour votre avenir.
- Mais si la formation que vous avez suivie ne débouche pas sur l'offre que vous escomptiez, considérez que vous êtes définitivement « cataloguée » dans votre entreprise. Cherchez une porte de sortie, en l'occurrence un autre employeur.

ACTION PRIORITAIRE ☐

Piège n° 54

Ne pas tenir compte des informations renvoyées par les autres

Nous sommes tous, sans exception, précédés et suivis de notre réputation. Celle-ci s'exprime dans les propos que les autres tiennent sur nous, derrière notre dos ou dès que nous avons franchi la porte. Il est impératif d'en connaître la teneur pour réussir à vendre notre image. Nous réagissons trop souvent aux rumeurs en les ignorant (et en espérant qu'elles cesseront) ou en les balayant d'un désinvolte : « Ce n'est que l'opinion de X ou de Y. » Chacun sait que la réalité n'existe que d'après la perception que nous en avons. Or, personne ne nous juge selon nos intentions profondes mais en fonction de notre comportement. Il est toujours possible d'expliquer ou de justifier une attitude mais cela ne résout pas pour autant le problème si la marque ou l'image de marque que nous offrons ne répond pas aux attentes de nos clients. Car, tôt ou tard, ils arrêteront de l'acheter. J'ai coutume de citer cette maxime : « Si trois personnes affirment que vous êtes ivre, couchez-vous. »

MES CONSEILS

- Demandez au service des relations humaines d'organiser une évaluation à 360 degrés. Au vu des résultats, vous connaîtrez très exactement l'opinion des autres à votre égard et vous pourrez agir en conséquence afin d'améliorer vos points faibles.
- Sollicitez régulièrement les commentaires ou les critiques de votre supérieur.
- Ne réagissez jamais par l'agressivité. Enquérez-vous plutôt : « Peux-tu me préciser dans quelles circonstances j'ai fait ceci ou cela ? » Ne cherchez pas à vous justifier.
- Si vous vous sentez blessée par les informations reçues, prenez de la distance pour réfléchir. Sollicitez les éclaircissements dont vous avez besoin lorsque vous aurez dépassé le stade de l'émotion.
- La plupart des gens répugnent à dire ce qu'ils pensent réellement. Remerciez-les doublement et considérez les informations qu'ils vous apportent comme un cadeau.
- Si vous demandez un retour d'information, cela signifie que vous comptez l'exploiter. Avisez ceux qui en sont l'auteur des dispositions que vous allez prendre pour corriger vos défauts Vous mobiliserez ainsi leur attention sur les changements qui s'opèrent en vous.

ACTION PRIORITAIRE ☐

Piège n° 55

Se rendre invisible

Une jeune femme qui avait été sélectionnée parmi plusieurs majors de promotions pour participer à une soirée d'anciens étudiants apprit au cours d'une conversation que l'honneur de tenir le discours de clôture lui reviendrait très probablement. Ce à quoi elle répliqua : « Oh, j'espère que non. » Quoique flattée à l'idée d'être mise en vedette, comme beaucoup de femmes, elle ne souhaitait pourtant qu'une seule chose : rester dans le confort de l'anonymat.

J'observe chaque jour cette même attitude dans le monde du travail. Lorsqu'il s'agit de désigner un porte-parole pour présenter un projet à la direction, les femmes renâclent à se proposer et, mises devant le fait accompli, s'efforcent de déléguer à un collègue masculin.

J'organise des stages de formation au leadership destinés à un public mixte, dans lesquels les membres d'une même entreprise travaillent en petits groupes pour résoudre des cas de figure concrets. À partir d'un modèle type de résolution de problèmes, ils sont appelés à présenter leur solution après avoir identifié le problème, ses causes, et proposé des recommandations. Le dernier jour du stage, les dirigeants de l'entreprise assistent en personne à la présentation de la solution et sont invités à en commenter l'intérêt et la viabilité. Compte tenu de leur qualité, il arrive que les solutions proposées soient réellement incorporées dans la stratégie de l'entreprise.

Inévitablement, les femmes jouent les abeilles butineuses. Elles représentent la cheville ouvrière du groupe, facilitent le travail de leurs collègues masculins en préparant les titres, les rubriques et les transparents pour la présentation… Elles veillent à ce que chacun exprime son avis et rassemblent scrupuleusement toutes les informations recensées. Quand arrive le moment de soumettre le projet à la direction, c'est une autre histoire. Depuis plus de vingt ans que je conduis cet exercice, je ne peux me rappeler une seule occasion d'avoir vu une femme se charger de la présentation. Cette mission échoit en général à l'homme qui possède le meilleur talent d'orateur.

Les femmes sont déjà suffisamment invisibles pour ne pas devoir chercher à accentuer cette tendance naturelle. Les situations que nous venons de décrire constituent l'occasion parfaite de rehausser votre image de marque. Pourquoi vous en priver et en faire bénéficier un concurrent – même s'il s'agit d'une compétition amicale ?

MES CONSEILS

- Portez-vous volontaire pour présider des réunions de service.
- Proposez de présenter un projet que vous maîtrisez parfaitement devant une assemblée de professionnels.
- Rédigez des articles pour les journaux locaux, les revues professionnelles ou le bulletin interne de l'entreprise.
- Lorsque l'on demande un porte-parole pour présenter une communication ou une revendication à la direction générale, saisissez l'occasion.
- Ne restez pas invisible et silencieuse dans les réunions. Faites entendre le son de votre voix, c'est un argument publicitaire efficace.

ACTION PRIORITAIRE ☐

Chapitre 6

Comment vous exprimez-vous ?

Il existe une malédiction chinoise qui s'applique à de nombreuses femmes : *être à l'origine d'une idée de génie mais se trouver dans l'incapacité d'en convaincre qui que ce soit*. Les idées les plus fabuleuses tombent dans l'oreille d'un sourd quand elles ne sont pas communiquées de manière à inspirer confiance et à paraître crédibles. Le présent chapitre ne traite pas du contenu du message mais du choix des mots, du ton de la voix, de la vitesse d'élocution, de l'organisation de la pensée. Ces facteurs contribuent à donner de vous l'image d'une professionnelle à la compétence inattaquable, qui domine son sujet et possède confiance en elle.

Nous allons aborder tour à tour chacun de ces critères et proposer des exercices portant sur l'expression orale. Essayez-vous à prononcer à voix haute certains de mes conseils pour en goûter la résonance. Résistez à l'envie de rejeter un conseil qui vous semble étrange ou ardu, car c'est peut-être celui dont vous avez le plus besoin. N'oubliez jamais que votre crédibilité dépend pour plus de 90 % de la qualité de votre expression et de votre apparence.

Piège n° 56

Poser une question indirecte au lieu d'affirmer

C'est un piège des plus répandus. Il s'agit d'exprimer une idée sous forme de question, afin de ne pas paraître trop directe ou trop insistante. L'interrogation se présente en général ainsi : « Que penseriez-vous si nous… ?» ou « Avez-vous noté que… ». En questionnant au lieu d'affirmer, nous abandonnons en quelque sorte la propriété de notre idée et nous n'assumons pas ses conséquences. Analysons l'échange ci-dessous :

Anne : Penses-tu que nous devrions inscrire au budget de cette année des fonds de développement supplémentaires pour répondre à des besoins imprévus ?

Pierre : Non, j'estime que nous devrions investir davantage dans le marketing. Il faut d'abord créer le besoin avant de développer les moyens de le satisfaire.

Anne : C'est vrai, mais nous devons êtres prêts à répondre à la demande au coup par coup et cela nécessite des fonds de développement supplémentaires.

Pierre : Pourquoi ne me l'as-tu pas dit plus tôt ?

Si vous craignez de paraître trop incisive ou trop obstinée, ajoutez une formule qui adoucira votre message et aidera à le faire passer. Mais, de grâce, ne transformez pas votre phrase en question.

MES CONSEILS

- Exercez-vous à formuler des affirmations. Chaque fois que vous vous surprenez à énoncer votre opinion sous forme de question, arrêtez et revenez au mode affirmatif.
- Gardez vos questions pour les moments où vous avez réellement besoin d'informations ou lorsque vous cherchez sincèrement à connaître l'avis de quelqu'un.
- Exprimez vos idées par une assertion : « Nous devons nous préparer à couvrir d'éventuels besoins en affectant la majeure partie de notre budget au développement. » À supposer que quelqu'un ne soit pas d'accord avec la proposition, cela vous place dans une position de force pour défendre votre point de vue.
- Si vous prenez soin d'ajouter « J'aimerais savoir ce que tu en penses » pour compléter votre affirmation, vous ne donnerez pas l'impression d'être directive, ni à l'inverse de manquer d'assurance.

ACTION PRIORITAIRE ☐

Piège n° 57

Abuser des préambules

Le préambule est un assemblage de mots et de circonlocutions qui précède l'entrée en matière proprement dite. Il ressemble à un placard rempli de fouillis. Lorsque le désordre prend trop de place, il empêche de voir ce que contient le placard. Cette constatation vaut aussi pour les mots. L'abondance de mots dilue le message de telle sorte que son destinataire ne comprend plus de quoi il est question à la fin du discours.

Les femmes recourent au préambule pour adoucir leur message quand elles craignent de paraître trop agressives ou trop directes.

Comment recevez-vous le préambule ci-dessous ?

« Tu sais, je repensais à ce problème de productivité que nous rencontrons. D'ailleurs, je l'ai évoqué avec les autres. Je constate que d'autres partagent mon souci : nous sommes nombreux à nous inquiéter de la baisse de productivité des trois derniers trimestres. En fait, cela fait même plus de trois trimestres. Nous suspectons cette baisse depuis plus longtemps mais nous ne l'avons jamais réellement évaluée. Quoi qu'il en soit, tout le monde cherche une solution et je crois que j'ai trouvé une idée. Je ne dis pas que mon idée est géniale, c'est simplement une idée parmi d'autres. D'ailleurs, chacun a son idée sur la question et t'en fera part. En ce qui me concerne, je pense que… »

Quand arriverons-nous au cœur du problème ? La devise de celui ou de celle qui s'exprime ici est sans doute *pourquoi me contenter de peu de mots quand je peux en utiliser beaucoup* ? Le message aurait pu être formulé avec une économie de mots de l'ordre de 75 % pour obtenir un meilleur impact et gagner en précision. Ce qui donnerait : « La productivité est une question qui nous préoccupe depuis un certain temps. Voilà la solution que je propose. »

MES CONSEILS

- Ne perdez pas de vue l'essentiel. Préparez votre argumentation avant d'ouvrir la bouche. Pour cela, posez-vous deux questions : « Quel est le sujet principal ? » et « Quels sont les deux ou trois points que je veux exposer à mon interlocuteur ? »
- Adoptez le mantra suivant : la brièveté inspire confiance. Si votre message est important, exercez-vous longuement avant de l'exposer. Présentez-le en un minimum de mots.
- Efforcez-vous d'entrecouper vos affirmations de messages courts : « Je propose de mener une analyse transversale, afin de déterminer les causes de la crise de productivité des trois derniers trimestres et d'y remédier. »

ACTION PRIORITAIRE ☐

Piège n° 58

Se lancer dans des explications interminables

En contrepoint au préambule se situe l'explication qui n'en finit plus. Vous avez terminé d'exposer votre argumentation et vous vous empressez de l'affaiblir en vous lançant dans une explication savante qui lasse l'auditoire et le pousse à « décrocher ». L'association d'un préambule alambiqué et d'une explication trop longue s'avère mortelle. Pourquoi les femmes tombent-elles plus que les hommes dans ce double piège ? Il existe plusieurs raisons à cela. Nous avons vu que l'inflation des mots contribue à atténuer le message ; or, nous ne voulons surtout pas paraître agressives et sûres de nous. Mais d'autre part, nous craignons d'avoir manqué d'exhaustivité et, par souci de perfection, nous complétons notre propos. Troisième raison, les difficultés que nous rencontrons pour nous faire entendre nous incitent à parler davantage de manière à enfoncer le clou et pour susciter des réactions dans l'auditoire. Quatrième et dernière raison (non des moindres), nous nous réfugions dans la parole pour compenser notre manque d'assurance. Car nous croyons que la longueur du discours plaide en notre faveur... alors qu'elle provoque exactement l'inverse.

Reprenons le préambule de la page précédente en le combinant à l'explication suivante :

> « Je ne dis pas que c'est une idée géniale, c'est simplement une idée parmi d'autres. D'ailleurs, chacun a son idée sur la question et t'en fera part. En ce qui me concerne, je pense que nous devrions lancer une sorte d'enquête d'opinion. Tu vois ce que je veux dire : on interroge les salariés sur leur mode de travail, on cherche à savoir s'ils sont satisfaits de leur poste, quel est l'état de leurs relations avec leurs supérieurs... Beaucoup d'entreprises y recourent. On peut faire appel à un consultant externe ou l'organiser en interne. Si tu es d'accord, j'aimerais explorer les différents moyens à mettre en œuvre. Ou si tu préfères, tu peux cons-

tituer une équipe qui s'en chargera. Mais je peux aussi étudier le problème de mon côté et te rendre compte des résultats. »

Ne vous ai-je pas prévenue ? C'est tout simplement mortel....

MES CONSEILS

- Raccourcissez vos explications de 50 à 75 %.
- Lorsque vous arrivez au cœur du sujet, étayez votre argumentation par deux ou trois éléments d'information au maximum. Puis marquez une pause. Si vous voulez que l'auditoire réagisse à vos propos, votre silence indiquera que le moment est venu d'ouvrir le débat.
- Voici ce que donnerait le message rédigé en fonction des conseils proposés ici :

> « Je propose de mener une analyse transversale, afin de déterminer les causes de la crise de productivité des trois derniers trimestres et d'y remédier. Les résultats révéleront où résident nos principaux points forts, les erreurs que nous commettons actuellement et la voie à emprunter pour les corriger. J'en prends la responsabilité. Souhaites-tu ajouter autre chose ? »

- Résistez à la voix intérieure qui vous souffle *incomplet*. Il n'est pas nécessaire de faire état de l'intégralité de vos connaissances. Si vous possédez une réelle expertise du sujet, vous jugerez votre explication quelque peu sommaire mais votre interlocuteur, lui, l'estimera parfaite. Qui peut le plus peut le moins.

ACTION PRIORITAIRE ☐

Piège n° 59

Demander la permission

Avez-vous remarqué que les hommes ne réclament jamais la permission de faire quoi que ce soit ? Ils demandent plutôt pardon. Mon intuition me dit qu'une femme qui sollicite une autorisation agit davantage par habitude que par besoin d'obtenir le feu vert. Nous avons affaire à une variante de la tactique qui consiste à dissimuler une affirmation sous une question, afin de prévenir d'éventuelles accusations d'agressivité. Mais cette attitude est tout aussi contraire au but recherché. Dans notre culture, ce sont les enfants qui doivent solliciter des permissions et non les adultes. Chaque fois qu'une femme quémande l'autorisation de dire ou de faire quelque chose, elle renie son statut d'adulte pour régresser au niveau de l'enfance. Elle se met aussi en situation d'essuyer un refus. Lorsque nous sollicitons la permission avant d'agir, nous nous prémunissons contre toute possibilité d'erreur, mais nous nous positionnons aux yeux des autres comme quelqu'un qui a peur du risque.

Les femmes sollicitent une permission pour des choses aussi triviales qu'une journée de congé ou la possibilité d'utiliser leur budget à des dépenses de service alors même qu'elles disposent de l'autorité. Je n'oublierai jamais cette femme qui se plaignait de n'avoir pas reçu l'autorisation d'emmener son équipe pour un stage d'une journée alors que son collègue masculin avait passé trois jours avec la sienne dans une station balnéaire voisine. Comme je me renseignai sur la manière dont elle avait élaboré son projet, elle me répondit qu'elle avait jugé opportun de solliciter l'autorisation de son patron. Celui-ci avait clairement manifesté sa désapprobation. Déçue, elle a ensuite interrogé son collègue et celui-ci lui a déclaré sans ambages que l'idée de demander l'aval du patron ne l'avait pas effleuré une seconde !

Quelle que soit votre fonction, vous avez le droit d'agir comme bon vous semble en tenant compte néanmoins de certaines limites. Vous devez les accepter, les définir d'un commun accord avec votre supérieur et les respecter. De la secrétaire au directeur de service, bon nombre de salariés n'osent bouger le petit doigt sans la permission de leur hiérarchie. Croyez-en mon expérience, votre patron attend surtout de vous que vous vous empariez du ballon pour aller le placer dans les buts. C'est la règle du jeu et la contrepartie du salaire que vous percevez. En outre, cela facilite considérablement sa tâche.

MES CONSEILS

- *Informez* les autres de vos intentions, ne leur demandez jamais la permission. En les tenant au courant, vous montrez que vous prenez en compte leur besoin de savoir mais vous conservez votre indépendance.
- Assumez votre égalité.
- Changez ceci : « Verriez-vous un inconvénient à ce que je travaille chez moi demain ? J'attends une livraison pour la mi-journée. »

En cela : « Je voulais juste vous signaler que je travaillerai chez moi demain. J'attends une livraison. »

- Si quelqu'un se trouve en désaccord avec vous, il vous le fera savoir tôt ou tard. En partant de ce principe, vous vous trouverez en position de force pour négocier.
- Si vous éprouvez des difficultés à utiliser la forme affirmative, atténuez votre message par une suggestion. Au lieu de solliciter une permission, annoncez : « J'ai l'intention de préparer un état des questions en suspens avec notre client. Lorsqu'il sera terminé, j'aimerais que vous y jetiez un coup d'œil avant de l'envoyer. »
- Si vous avez en face de vous un interlocuteur qui déguise ses affirmations en questions, n'entrez pas dans son jeu, car il est biaisé dès le début.
- Toute question est légitime lorsqu'elle a trait à une information que vous ne possédez pas ou que vous ne connaissez pas. Vous pouvez donc vous permettre ce type de questions mais évitez de prendre vos interlocuteurs en otage. Prêtez attention aux signaux corporels indiquant qu'ils veulent passer à autre chose. Attendez que la réunion soit terminée pour poser des questions supplémentaires.

ACTION PRIORITAIRE ☐

Piège n° 60

S'excuser sans cesse

Je regardais l'Open d'Angleterre juste après la défaite de Tiger Woods. Le journaliste qui interviewait le champion de golf lui exprimait sa sympathie pour cette journée pénible au cours de laquelle il avait manqué des coups faciles et déçu son public en offrant un jeu qui ne correspondait pas à ses prestations habituelles. Tiger Woods rétorqua : « Je ne mets pas mon jeu en cause. Aujourd'hui, le vent et les conditions météorologiques étaient contre moi. » Sa réflexion m'a rappelé que face à l'erreur la plus grossière et confronté à sa plus mauvaise performance, un homme nie et minimise systématiquement sa faute au lieu d'en assumer la responsabilité et de s'excuser.

Les femmes seraient bien inspirées d'en tirer une leçon. Le fait de s'excuser à chaque faute mineure ou commise par inadvertance finit par éroder notre confiance en nous et, par contrecoup, sape celle que les autres nous accordent. Qu'elle heurte un passant dans la rue sans le vouloir ou qu'elle se rende coupable d'une bévue quelconque au bureau, une femme aura tendance à se confondre en excuses. Cette habitude est devenue une seconde nature ; elle dispense de rechercher la véritable cause du problème, laquelle se résume le plus souvent à un défaut de communication imputable à l'autre. C'est une stratégie qui vise à réduire le conflit mais qui possède cependant l'inconvénient de vous faire apparaître, à tort, comme seule responsable de l'erreur.

En voici un exemple. Une de mes clientes commença sa séance de coaching en me rapportant que son patron venait de lui reprocher de ne pas l'avoir informé d'une réunion à laquelle il souhaitait également se rendre. En fait, elle lui avait envoyé un courriel d'information dès qu'elle avait eu connaissance de la tenue de la réunion mais il avait omis de le lire ou de noter la date dans son agenda. Dans les propos de la jeune femme, je décelais sa fierté d'avoir maîtrisé la situation. Nous avions évoqué la manie typiquement féminine de s'excuser sans cesse et elle m'avait confié son intention de ne jamais agir ainsi. Elle déclara donc poliment mais fermement à son patron : « Je vous ai envoyé un courriel le jour où j'ai été informée de la réunion. Si vous le souhaitez, à l'avenir, je peux vérifier avec vous que vous recevez bien les informations transmises. »

Cette réponse est remarquable à plus d'un titre. Tout d'abord, elle n'a pas sacrifié à l'habitude de s'excuser sans motif véritable. Sa décision de résister à un penchant naturel l'a comblée de satisfaction ; elle a réagi en adulte qui a confiance en elle et non comme un enfant que l'on gronde. Par ailleurs, quel patron serait enchanté de voir ses collaborateurs entrer dans son bureau pour lui rappeler de consulter ses courriels ? Elle lui a habilement présenté une alternative qu'il ne pouvait accepter, ce qu'elle savait pertinemment. Sans qu'il s'en aperçoive réellement, elle lui a imposé avec diplomatie l'obligation de lire tous ses courriels.

MES CONSEILS

- Comptez combien de fois il vous arrive de vous excuser sans raison valable. Réservez vos excuses pour les cas où vous vous rendez coupable de fautes graves (ce qui n'arrive pas si fréquemment).
- Lorsque vous commettez une erreur importante, excusez-vous une seule fois et proposez de passer à la recherche d'une solution.
- Transformez votre tendance à vous excuser en volonté d'examiner objectivement l'erreur et de la corriger.
- Au lieu de vous excuser, adoptez des formules neutres du type : « D'après les informations dont je disposais, je ne savais pas exactement comment situer vos attentes. Précisez-moi vos exigences, j'agirai en conséquence. »
- Évitez les déclarations qui vous placent en situation d'infériorité. Positionnez-vous dès le départ sur un pied d'égalité quel que soit le niveau auquel se situe votre interlocuteur. Le fait qu'il occupe une position hiérarchique plus élevée ne lui confère pas automatiquement des qualités supérieures aux vôtres.

ACTION PRIORITAIRE ☐

Piège n° 61

Employer un vocabulaire réducteur

Même si les femmes n'ont pas à elles seules l'apanage du discours réducteur, elles y recourent sans doute plus volontiers que leurs compagnons. Les mots utilisés ont pour effet de diminuer l'importance ou la portée de l'exploit réalisé. Une attitude récente de la fille de mon cousin, âgée de 17 ans, m'a confortée dans l'idée qu'il s'agit d'un réflexe acquis très tôt dans l'enfance, en réponse « au devoir » de « se garder de l'orgueil et de la vantardise ».

Au cours d'une réunion de famille, son grand-père avait annoncé avec fierté qu'elle avait obtenu plusieurs distinctions scolaires. Comme je la félicitai et l'interrogeai sur la nature de ces récompenses, elle répondit : « Oh, ce sont *juste* des prix décernés aux bons élèves. » Ce qui ne me renseignait pas davantage. J'en déduisais cependant que ses résultats étaient excellents puisqu'ils justifiaient un tel honneur. Par l'ajout de l'adverbe *juste,* elle minimisait cependant la reconnaissance de ses mérites.

Il existe l'équivalent dans la vie professionnelle. On diminue volontairement sa réussite ou on l'attribue à d'autres facteurs que le talent, le travail ou le savoir-faire. De nombreuses femmes répondent aux félicitations et aux compliments en expliquant d'un air modeste : « Ce n'était rien du tout » ou « J'ai seulement eu de la chance. » À force de répéter ces expressions, vous finirez vous-même par y croire.

MES CONSEILS

- Répétez : « Merci. Je suis enchantée des résultats obtenus. » Prononcez ces mots encore et encore, jusqu'à ce qu'ils vous viennent spontanément aux lèvres lorsque quelqu'un vous complimente.
- Décrivez vos réalisations avec objectivité sans user de qualificatifs. Évitez : « C'était juste ... », « J'ai seulement... », ou « Je me suis surprise moi-même... »
- Si vous tenez absolument à paraître humble, dites ceci : « Je vous remercie. Je suis fière de ce que j'ai accompli et je tiens à associer tous ceux qui ont contribué à cette réussite. »

ACTION PRIORITAIRE ☐

Piège n° 62

Multiplier les circonlocutions

Pour ne pas paraître agressives, directives ou incisives, certaines femmes ponctuent leur discours de circonlocutions. Leur usage permet d'adoucir et d'atténuer le message. Les périphrases qui reviennent le plus souvent sont :

« En quelque sorte.. »
« D'une certaine façon… »
« Nous devrions peut-être… »
« Nous pourrions… »

Cette manie suscite l'interrogation et la perplexité chez l'interlocuteur et le conduit à demander ou à penser :

« Qu'est ce cela veut dire ? »
« Qu'as-tu fait alors ? »
« Devons-nous prendre une décision ou nous abstenir ? »
« Est-ce mieux, est-ce pire ? »
« En avons-nous, oui ou non, la possibilité ? »

MES CONSEILS

- Formulez votre opinion en termes clairs et précis. Ce qui ne signifie pas de façon dogmatique mais directement et sans détours de langage.
- Là encore, la dernière phrase de votre argumentation peut aider à faire passer un message fort sans lui ôter sa substance. « J'insiste sur le fait que nous devrions agir dès maintenant au lieu d'attendre. Mais j'aimerais connaître le sentiment de chacun sur ce point. »
- Si vous n'êtes pas sûre de votre fait, évoquez les raisons qui motivent vos hésitations. « En fonction de nos connaissances actuelles, je me demande s'il est opportun d'agir aujourd'hui. Je souhaiterais disposer de données plus complètes avant de prendre la décision finale. » Cette formulation n'autorise aucune équivoque.

ACTION PRIORITAIRE ☐

Piège n° 63

Laisser les réponses en suspens

En ne répondant pas complètement à une question, on introduit de l'équivoque, mais cela peut aussi aller plus loin. Écoutons cet échange entre la vice-présidente d'une entreprise et l'une de ses collaboratrices :

La vice-présidente :	Estimez-vous que nous devrions prévenir les actionnaires des pertes attendues au quatrième trimestre ou devons-nous attendre de pouvoir les évaluer ?
La collaboratrice :	Nous pourrions leur dire dès maintenant pour les préparer à l'exercice du quatrième trimestre. D'autre part, si nous attendons, nous serons plus crédibles puisque nous disposerons des chiffres réels. Si nous les avertissons aujourd'hui, nous serons submergées de questions auxquelles nous ne pourrons répondre. Et si nous attendons, on nous accusera d'avoir voulu dissimuler la vérité. Chaque solution comporte des avantages et des inconvénients.

Qu'en pensez-vous ? La vice-présidente sait d'avance qu'il existe des avantages et des inconvénients. Elle est tout aussi capable de les énumérer que vous et moi. Elle veut surtout obtenir une réponse. Mes clients indonésiens, adeptes d'un style de communication typiquement féminin quel que soit leur sexe, nomment cette technique de communication « basa-basi », un terme qui désigne tout ce qui est flou et incertain. Les femmes commettent souvent l'erreur de penser qu'il leur suffit de réfléchir à voix haute pour répondre à une question complexe. Elles s'imaginent qu'en répertoriant toutes les options possibles, la solution se dessinera d'elle-même. Quant à l'auteur de la question, il reste sur sa faim. Les femmes jouent sur les deux tableaux : elles donnent l'impression de répondre et se protègent en n'avançant rien.

C'est ce que l'un de mes collègues appelle « la dissimulation à visage découvert ».

S'il existe un moment où l'affirmation s'impose comme seul mode d'expression envisageable, c'est justement en réponse à une question directe.

MES CONSEILS

- Répondez directement à la question posée. Comme à l'école, les questions auxquelles vous êtes confrontée admettent quatre types de réponses : vrai/faux, compléter les points de suspension, ou bien/ou bien, développer. La question posée ci-dessus relève de la première catégorie : *devrions-nous partager l'information ou attendre ?* Les premiers mots qui franchissent vos lèvres devraient traduire l'un ou l'autre choix – ou éventuellement proposer une troisième option. Dans ce cas, votre phrase pourrait débuter par : « Ni l'un, ni l'autre. Il me semble préférable de laisser les chiffres parler d'eux-mêmes dès leur annonce. »
- L'incapacité de répondre directement et brièvement peut tenir au désir d'atteindre à la formule parfaite ou « la plus juste ». Face à une question de type oui/non, j'entends souvent objecter : « Je ne peux absolument pas répondre par oui ou par non. » Détrompez-vous ; vous le pouvez parfaitement. Il suffit d'en prendre le risque. À tous égards, mieux vaut s'engager quitte à déclencher une polémique, que de rester dans l'expectative sans rien tenter.
- Organisez votre argumentation en fonction de la conclusion finale. Tom Henschel, spécialiste de la communication, enseigne à ses clients à « morceler » mentalement leurs réponses en fonction du résultat qu'ils veulent obtenir et de les appuyer sur deux ou trois éléments fondamentaux. Si nous appliquons cette méthode à la question ci-dessus, nous aboutissons à la réponse suivante : « Je propose de divulguer l'information dès maintenant pour deux raisons principales. Premièrement, il est préférable de tout révéler maintenant pour éviter l'accusation de rétention d'information. Deuxièmement, nous avons de

solides raisons d'envisager des pertes mais si nos craintes ne se vérifient pas, les gens seront soulagés et nous y aurons gagné. »

- Lorsque la question suppose une réponse développée, organisez et énoncez vos arguments dans un cadre de références mesurables. Déclarez par exemple : « J'ai trois idées » ou « Il existe deux façons d'atteindre l'objectif... »
- Suivez des cours d'improvisation. Car pour formuler des réponses claires et directes, il faut avoir de l'à-propos. Les techniques d'improvisation peuvent se révéler utiles à plus d'un titre.

ACTION PRIORITAIRE ☐

Piège n° 64

Parler avec précipitation

Les femmes souffrent tout particulièrement de cette forme particulière de débordement (lisez également le piège n° 76). Accusées depuis toujours de bavardage excessif, nous avons peur de monopoliser le temps de parole et d'indisposer ceux qui écoutent.

Nous accélérons donc le rythme de notre discours pour délivrer l'intégralité de notre message avant d'être interrompues. Pourtant, le fait de prendre le temps de s'exprimer, comme celui d'occuper physiquement le plus d'espace possible, constitue une preuve de souveraineté. On signale en quelque sorte : « J'ai le droit d'être vue et de me faire entendre de tous. »

Dans la mesure où votre crédibilité dépend davantage de votre façon de vous exprimer que du contenu de votre message, vous devez réussir à transmettre votre confiance en vous, votre rigueur et la profondeur de votre pensée. Or, en accélérant le débit de votre discours, vous produisez l'inverse. L'interlocuteur pense que vous ne méritez pas le temps qu'il vous consacre ou que votre message n'offre pas d'intérêt. Il pourra interpréter votre précipitation comme un manque de précision et de réflexion ; ce qui le conduira à mettre en doute la véracité de vos propos.

MES CONSEILS

- Entraînez-vous à modérer le rythme de votre expression. Exercez-vous en musique (mais ne choisissez pas un morceau de rock'n roll).
- Joignez-vous à un groupe de prise de parole qui se réunit à l'heure du déjeuner pour s'entraîner à s'exprimer en public. À l'issue de la réunion, chacun est invité à commenter la prestation des autres participants. Vous y acquérrez de l'aisance à l'oral et de la confiance en vous.
- Lorsque vous prenez la parole, demandez à une amie ou à une collègue de vous indiquer par un signe discret toute accélération de débit intempestive.
- Persuadez-vous que vous avez le droit de prendre tout le temps nécessaire pour communiquer votre message (en respectant les conseils précédents).

ACTION PRIORITAIRE ☐

Piège n° 65

Ignorer le langage maison ou le jargon professionnel

Chaque entreprise, chaque profession possède son langage propre – son jargon. Même si certaines expressions telles que « rester scotché à son écran radar », « pousser l'enveloppe » ou « changement de paradigme » peuvent surprendre ou prêter à rire, il n'en demeure pas moins que le salarié qui n'utilise pas le langage maison se rend suspect de non allégeance. Si l'influence s'acquiert par la maîtrise du métier ou la connaissance de l'entreprise, elle s'exerce principalement à travers le maniement du langage approprié. Les femmes imaginent que le savoir-faire et la compétence suffisent pour gagner de l'influence. Mais elles ont tort.

L'une de mes clientes ne comprenait pas pour quelles raisons toutes les promotions allaient aux autres. L'évaluation de ses résultats était excellente, son expertise était reconnue de tous, on louait sa contribution aux performances de son service. Soucieuse d'identifier les hauts potentiels, la direction avait mis en place un système d'évaluation régulier, comportant des tests et un entretien avec la psychologue de l'entreprise. Selon le rapport établi par cette dernière, ma cliente possédait une intelligence supérieure à la moyenne, elle savait apporter des solutions et avait toutes les qualités requises d'un manager, mais en dehors de son domaine de compétence, elle était incapable de parler des autres activités de l'entreprise.

Connaissez-vous vraiment ce que recouvrent les termes de retour d'investissement, de résultat final et d'indicateurs de performance pour votre entreprise ? Si votre réponse est négative, il est grand temps de le découvrir.

MES CONSEILS

- Devenez une lectrice assidue des *Échos*. Vous y glanerez des informations susceptibles de vous être utiles dans votre travail et vous vous familiariserez avec la langue des affaires.
- Demandez à un collègue du service financier de vous inculquer les rudiments de son activité.
- Abonnez-vous à des revues ou à des bulletins d'informations professionnels.
- Inscrivez-vous à un cours d'initiation à la comptabilité.
- Intéressez-vous à la gestion de votre budget personnel.
- Assistez à des réunions d'associations ou d'organismes professionnels.
- Soyez à l'affût et tenez-vous au courant des meilleures pratiques en cours dans votre secteur d'activité.

ACTION PRIORITAIRE ☐

Piège n° 66

Utiliser des onomatopées et des tics de langage

Les onomatopées et les tics de langage sont des sons et des expressions vides de sens qui servent à meubler le silence. Leur prolifération rend le discours incertain et hésitant. Ils peuvent se présenter sous diverses formes : « euh », « hum », « vous me suivez », ou « tu vois ce que je veux dire ». Tout son utilisé comme pause dans le discours entame la portée du message.

Si chaque son que vous émettez était hum, écrit noir sur blanc, hum, vous ne voudriez pas, hum, que votre discours donne l'impression que, hum, vous ne savez pas de quoi vous parlez, vous voyez ce que je veux dire ? La prise de conscience de ces béquilles de l'expression qui nuisent tant à la clarté du message représente sans doute la partie la plus ingrate de votre effort de changement. Tant il est vrai qu'à partir du moment où vous ferez la chasse aux tics de langage et aux onomatopées, quelle que soit votre vigilance, vous ne percevrez probablement qu'un dixième de ceux que vous prononcez chaque jour.

MES CONSEILS

- Demandez à un collègue en qui vous avez confiance de vous signaler les mots parasites qui émaillent votre discours.
- Élaborez un système d'alerte en temps réel avec vos amis et vos collègues. Lorsque vous prenez le café avec eux, par exemple, demandez-leur de claquer des doigts chaque fois qu'ils vous prennent en flagrant délit.
- Étendez la pratique du système d'alarme en temps réel à vos relations personnelles. Si vous multipliez les retours d'information, vous vous débarrasserez plus rapidement de vos tics de langage.
- Enregistrez-vous sur vidéo et visionnez le film aussi souvent que possible pour mieux vous corriger.

- Posez un magnétophone sur votre bureau et enregistrez vos réponses et vos communications téléphoniques. Écoutez les enregistrements pour prendre conscience de vos tics de langage.
- Apprenez à apprivoiser le silence – il constitue un outil de communication efficace.

ACTION PRIORITAIRE ☐

Piège n° 67

Jouer sur le registre de l'affectivité et de la délicatesse

L'autre manière typiquement féminine d'éviter un discours trop direct est de s'exprimer dans un flou artistique qui se veut délicat. Je vous propose de comparer deux façons de s'exprimer, l'une utilisant largement la proverbiale sensibilité féminine, l'autre recourant à un style plus net qui reflète l'esprit de décision de l'auteur.

Le vocabulaire de l'affectivité	**Le vocabulaire de la décision**
« Il semblerait que nous devrions… »	« J'estime qu'il est préférable de… »
« Je pourrais… »	« J'ai l'intention de… »
«Vous pourriez envisager… »	« Je vous conseillerais de… »
« Quel serait votre sentiment si nous… »	« Qu'en penseriez-vous si nous… »
« On pourrait arguer que… »	« L'opposition dirait que… »
« À mon sens, nous devrions… »	« Je propose que nous… »

La différence s'impose d'elle-même. Les deux discours reproduisent le même contenu mais les phrases reprises dans la colonne de droite traduisent une volonté de s'affirmer. Elles témoignent de l'engagement de l'auteur et de sa détermination à imposer son avis. Au risque d'être accusée de vouloir enfoncer des portes ouvertes, je me dois de répéter cette évidence : notre langage véhicule des métamessages à notre sujet, il trahit nos valeurs et nos intentions.

MES CONSEILS

- Exercez-vous à commencer vos phrases par une affirmation précédée du pronom personnel « je » : *je pense, je crois, je propose, j'ai l'intention, j'aimerais, j'ai l'impression que…*
- Communiquez votre pensée avec conviction. C'est un risque que vous devez prendre.
- Cherchez à assimiler la terminologie économique en lisant des ouvrages spécialisés et des articles destinés aux professionnels.
- Imprimez vos courriels et photocopiez vos courriers afin de les relire avec un esprit critique. Vous améliorerez ainsi vos qualités de rédaction.
- Ne remisez pas le vocabulaire de l'affectivité au placard mais employez-le avec discernement. Vous pouvez fort bien jouer sur ce registre pour conseiller ou coacher des collègues.

ACTION PRIORITAIRE ☐

Piège n° 68

Le sandwich

Je ne sais qui se trouve à l'origine de la brillante idée consistant à communiquer l'information selon la méthode dite du sandwich. Elle répond à la volonté délibérée de manipuler le destinataire du message et réduit à néant tout effort de sincérité. Il s'agit en fait d'intercaler un communiqué négatif entre deux informations positives. À dire vrai, ce stratagème ne marche jamais. Il facilite la vie de l'auteur du message mais complique celle de celui qui le reçoit. J'éprouve quelques scrupules à vous le décrire, tant je crains que vous ne soyez tentée de l'incorporer à votre stratégie de communication. Néanmoins, par souci de clarté, je me résous à vous en proposer ci-dessous une illustration :

> Greg, j'aimerais revenir avec toi sur le travail que tu as réalisé à propos du projet Girod. J'ai vraiment admiré l'énergie et le temps que tu as consacrés à établir de bonnes relations avec le client. D'ailleurs, celui-ci s'est montré très satisfait à cet égard. Mais j'aurais aimé que tu approfondisses davantage l'aspect recherche sur ce dossier, de manière à fournir au client une offre plus élaborée. Dans l'ensemble, je dirais que tu sais assez bien gérer les attentes de la clientèle.

Reste à savoir ce que le dénommé Greg va pouvoir retirer de cette information. Il va très probablement s'interroger sur la qualité de son travail. Le discours se termine sur une note positive mais le message central possède une tout autre résonance. Or, il y a fort à parier qu'il ne va retenir que cette critique à mots couverts. En tout état de cause, il est préférable de séparer nettement les aspects négatifs des informations positives. Cette précaution oratoire fait ressortir les attentes du locuteur et permet au destinataire du message de réorienter son action dans le même sens. La critique est un art difficile quelles que soient l'habileté et la pratique possédées en la matière. C'est la raison pour laquelle je propose la méthode fondée sur la règle de sept contre un (lisez mes conseils, page suivante).

Personne n'aime apporter de mauvaises nouvelles, les femmes moins que quiconque. Pour conserver son efficacité, la critique doit être ciblée, porter sur le comportement et demeurer constructive, autrement dit, souligner les aspects positifs. Dans l'exemple cité ci-dessus, voici le discours qu'aurait dû tenir la personne chargée d'évaluer la performance de Greg :

> Greg, j'aimerais évoquer avec toi le dossier Girod. Il me semble que ta recherche manquait d'approfondissement et qu'elle laissait plusieurs questions ouvertes par rapport aux exigences et aux besoins du client (critique ciblée). À l'avenir, j'aimerais que tu explores plus soigneusement les méthodes de la concurrence et que tu mettes en évidence les avantages de notre propre approche en termes de moyens et d'hommes (comportement), ce qui permettrait au client de prendre plus rapidement une décision éclairée (aspects positifs).

MES CONSEILS

- La critique vous paraîtra plus facile à exercer si vous respectez la règle de sept contre un. Chaque aspect négatif souligné est contrebalancé par la mise en évidence de sept caractères positifs. Au lieu de se polariser sur les défauts au risque de ne retenir qu'eux, le destinataire du message peut s'appuyer sur les remarques constructives pour corriger son action.
- Assurez-vous que le jugement que vous portez est vierge de toute intention critique. N'imitez pas les belles-mères hypocrites qui adressent à leur bru des compliments à rebours du type : « Merci pour cet excellent dîner, nettement plus raffiné que les trois précédents.... »
- N'oubliez pas qu'une évaluation doit être à la fois positive et négative.
- Inspirez-vous du modèle DESCript pour établir votre jugement critique :

D – **Décrivez** les raisons qui motivent votre intervention.

Franck, j'aimerais m'entretenir avec toi d'un problème à propos du projet Acme sur lequel nous avons travaillé la semaine dernière.

E – **Expliquez** votre vision de la situation et incitez votre interlocuteur à vous **exposer** la manière dont lui-même la perçoit.

J'ai eu l'impression d'assumer seule toute la charge de travail dans la mesure où, quatre jours sur cinq, tu es arrivé tard le matin pour repartir tôt le soir. J'aimerais bien connaître ton point de vue sur cette situation.

S – **Signalez** que vous avez compris ses arguments et **spécifiez** vos attentes à l'avenir.

J'ai bien compris que tu avais des problèmes familiaux à régler, mais si j'en avais été informée à l'avance, j'aurais pris mes dispositions ou j'aurais sollicité une aide supplémentaire. À l'avenir, je souhaiterais que tu me préviennes suffisamment tôt si tu ne peux pas te libérer à 100 % pour un projet.

C – Liez le comportement que vous souhaitez voir adopté aux **conséquences** prévisibles. Celles-ci pouvant être positives ou négatives selon la gravité du problème ou le temps consacré à en discuter.

Merci de m'avoir écoutée jusqu'au bout. Si nous réussissons à améliorer la communication interne, nous apporterons d'autant plus de valeur ajoutée à nos clients.

ACTION PRIORITAIRE ☐

Piège n° 69

Parler trop doucement

Lorsque j'avais environ 14 ans, j'ai travaillé pendant les vacances dans une blanchisserie tenue par une femme qui était sujette à la migraine. S'il vous arrive de fréquenter le pressing à l'heure du déjeuner en semaine, vous connaissez le vrombissement incessant des machines à laver et à repasser. Alors que je haussai le ton pour me faire entendre de quelqu'un qui travaillait à quelques mètres de moi, la propriétaire des lieux s'approcha et me chuchota à l'oreille : « Tu ne sais donc pas que les jeunes filles bien élevées ne doivent pas parler fort. » Pendant des années après cet incident, je surveillai le son de ma voix craignant de ne pas passer pour une jeune fille convenable. Il me fallut trente ans pour réaliser que cette femme souffrait probablement de maux de tête au moment des faits et qu'elle aspirait surtout au silence. Je me demande souvent combien d'adolescentes reçoivent le même message, induit sans doute par des raisons identiques.

Le ton de la voix conditionne en partie l'impression que les autres gardent de nous. C'est un élément que nous pouvons apprendre à maîtriser. La plupart des femmes ont tendance à baisser la voix. Or, en nous exprimant d'une voix douce, nous donnons l'image d'une personne hésitante ou dépourvue de confiance en elle. Le volume de la voix joue également sur le langage corporel. Lorsque nous parlons fort, nous tendons naturellement à multiplier les gestes. Une voix raisonnablement forte et des gestes mesurés traduisent immédiatement l'autorité et la compétence chez celui qui s'exprime.

MES CONSEILS

- Lorsque vous prenez la parole en public, imaginez que la personne située le plus loin de vous souffre de surdité partielle et forcez la voix de manière à ce qu'elle vous entende.
- Suivez des cours de diction, de théâtre ou de chant pour apprendre à placer votre voix.
- Si l'on vous demande couramment de répéter ou de parler plus fort, faites un réel effort dans ce domaine.
- Enregistrez-vous sur magnétoscope lorsque vous présentez un produit ou lorsque vous intervenez en réunion. Si vous éprouvez des difficultés à distinguer ce que vous dites et que vous entendiez sans problèmes les propos des autres, apprenez à hausser la voix et à articuler.
- Écoutez le message de votre boîte vocale. Réfléchissez, en demeurant objective, à la manière dont vous qualifieriez ce que vous entendez. Entraînez-vous à formuler un message qui reflète votre confiance en vous, car il constitue souvent la première impression que les autres ont de vous.
- Imaginez que ceux qui vous écoutent sont vos clients. Votre discours doit les envelopper tel un cocon, afin qu'ils se laissent aller au plaisir de l'écoute sans effort. S'ils doivent se pencher en avant et tendre l'oreille, cela signifie que vous ne prenez pas soin de vos clients !

ACTION PRIORITAIRE ☐

Piège n° 70

Parler d'une voix suraiguë

Comment expliquer qu'une femme en conversation avec une autre femme s'exprime d'une voix tout à fait normale et adopte sans crier gare un ton de fausset dès qu'un homme entre dans la pièce ? On ne constate jamais ce revirement vocal chez un homme. Une voix de femme qui grimpe de plusieurs octaves et devient fluette ressemble à la voix d'une fillette. Comment la caractériser ? Mignonne, modeste, charmante, mais dépourvue d'autorité. Ce qui correspond vraisemblablement à l'effet recherché par sa propriétaire.

Il ne me semble pas vain de le répéter : la forme du message compte autant que son contenu. Les messages délivrés sur un ton haut perché, typique des voix féminines, retiennent moins aisément l'attention de l'auditoire. Pourquoi, selon vous, au début de l'ère de la radiodiffusion et pendant des années, les informations furent-elles exclusivement présentées par des hommes ? Nous connaissions peu la personnalité de Léon Zitrone mais il nous inspirait confiance. Aujourd'hui encore, aux États-Unis et, dans une moindre mesure, en France, les journaux télévisés du soir demeurent l'apanage des journalistes de sexe masculin.

En ce qui me concerne, je ne dispose d'aucune explication rationnelle à cet état de choses. Je sais seulement, comme chacun de nous, que les voix basses suscitent davantage l'attention et le respect. La crédibilité diminue à mesure que le son s'élève vers l'aigu. L'idée d'associer la profondeur de la voix à la masculinité n'est peut-être qu'une convention culturelle, tout comme notre tendance à accorder davantage d'autorité aux hommes. En fait, les hommes affligés d'une voix pointue souffrent du même handicap que les femmes et sont desservis dans leur carrière politique.

Pensez aux voix de Margaret Thatcher et de la reine Elisabeth. La reine est le chef d'État en titre, alors que Madame Thatcher ne doit son pouvoir qu'à une élection. Cependant, la différence de tonalité de leurs voix renforce la puissance que l'on prête à l'une par rapport à l'autre.

MES CONSEILS

- Le matin au réveil, émettez un bruit, n'importe lequel : ummmm ou la la la la. Vous remarquerez qu'il correspond à la tonalité naturelle de votre voix. Efforcez-vous de la maintenir telle quelle tout au long de la journée.
- Inscrivez-vous dans une chorale afin de découvrir votre propre tessiture. Vous perdrez vite l'habitude de chanter faux et de parler avec une voix de tête.
- Apprenez à respirer et à détendre votre cou et les muscles de vos épaules. Le ton de la voix peut se modifier en fonction du stress et de la tension sur les cordes vocales.
- Imaginez votre cou et votre poitrine comme des ouvertures larges et spacieuses, dans lesquelles votre voix se développe librement. Oubliez l'image d'une « petite » voix sans éclat.

ACTION PRIORITAIRE ☐

Piège n° 71

Étirer vos messages en longueur

Nous avions coutume de plaisanter au sujet de ma belle-mère qui ne savait jamais prendre congé. Longtemps après en avoir fini avec le dernier point de notre discussion, elle ne pouvait se résoudre à mettre un terme à la conversation. La même remarque s'applique à certaines femmes lorsqu'elles laissent un message sur le répondeur. En dépit d'un début clair et précis, le message s'enlise dans une conclusion floue du style : « Bon, je pense que c'est tout. Appelez-moi si vous souhaitez des précisions. Voilà. j'ai terminé. Au revoir. » L'incapacité de clore le discours au bon moment peut nuire à la portée du message. Le destinataire peut en retirer l'impression d'avoir affaire à une personne irrésolue.

L'une de mes clientes m'a confié un jour qu'elle ne savait comment répondre à certains messages abrupts et à la limite de la politesse qui s'amoncelaient sur son répondeur. Je l'ai alors priée d'en conserver quelques-uns et de demander à des collègues de faire de même pour les siens afin que je puisse les consulter également. L'écoute des deux groupes de messages m'a révélé que ceux qui lui posaient quelques problèmes émanaient d'interlocuteurs masculins. Ils n'étaient ni brutaux, ni grossiers mais succincts. *A contrario*, les siens contenaient plus de mots que nécessaire. Manifestement, elle pensait à voix haute et invitait l'interlocuteur à participer au cheminement de ses idées. Comparés aux précédents, ses messages semblaient lénifiants – ce qu'ils étaient en réalité. La surenchère verbale affaiblit le message. Le juste équilibre en renforce l'impact.

MES CONSEILS

- La plupart des systèmes vocaux en usage dans les entreprises permettent de revenir en arrière et de réécouter le message émis. Utilisez cette possibilité et écoutez vos messages une seconde fois avant de les envoyer pour vous assurer qu'ils ne traînent pas en longueur.
- Avant de décrocher le téléphone, dressez mentalement la liste des points que vous voulez aborder. Vous saurez ainsi à quel moment vous arrêter et raccrocher (ce conseil aurait été précieux à ma belle-mère).
- Si vous avez tendance à vous laisser déborder par un flot de paroles, faites preuve de rigueur. Arrêtez de parler dès que vous avez terminé votre message, prenez congé et raccrochez.
- Préparez une conclusion standard pour tous vos messages (sur boîte vocale ou autres). Essayez ceci : « Merci de me rappeler si vous avez des questions » et raccrochez immédiatement.

ACTION PRIORITAIRE ☐

Piège n° 72

Répondre sans prendre le temps de réfléchir

Vous connaissez certainement l'expression *un silence lourd de sens*. Il s'agit de ce bref instant pendant lequel l'interlocuteur anticipe ce que vous allez dire et s'y prépare. Dans votre désir de plaire aux autres et de ménager leur temps, vous avez tendance à répondre aux questions que l'on vous pose sans vous accorder de pause pour réfléchir. Intégrez ce moment salvateur dans vos outils de communication.

La pause apporte plusieurs avantages. Elle vous confère une image de sérieux et vous donne de la distance par rapport à votre discours à venir. Elle stimule l'intérêt de l'auditoire. La pause et le silence qui s'ensuit témoignent de votre confiance en vous face aux attentes des autres. Ils vous permettent d'organiser sommairement votre pensée.

MES CONSEILS

- Entraînez-vous à compter jusqu'à trois avant de répondre à une question – même si la réponse vous brûle les lèvres.
- Pendant la pause, interrogez-vous sur le point essentiel de votre message, celui que vous souhaitez voir s'imprimer dans la mémoire de votre interlocuteur. Faites-en le leitmotiv de votre argumentation.
- Ménagez-vous une pause de trois secondes, en suivant l'aiguille de votre montre. Cet intermède au milieu de la conversation vous semblera une éternité mais vous constaterez par vous-même qu'il n'est que momentané.

ACTION PRIORITAIRE ☐

Chapitre 7

Votre apparence et vos gestes vous trahissent

Dans mes séances de coaching, j'aborde en priorité les comportements faciles à identifier et à corriger. Les succès sont rapides dans la mesure où les efforts de mes clients pour substituer des attitudes nouvelles à celles qui s'avéraient inappropriées se traduisent par une amélioration visible. Le présent chapitre traite des habitudes plus ou moins conscientes qui nuisent à votre image de qualité et de compétence. Ne vous laissez pas prendre par la banalité apparente des erreurs relatées ici. Elles sont rarement commises isolément ; c'est leur combinaison qui affecte de manière négative votre réputation.

Il convient tout d'abord de détruire le fameux mythe de l'ascension professionnelle selon lequel *les éléments les plus performants et les plus brillants sont récompensés par des promotions et par des postes de choix*. Eh bien, il est archifaux. Car, pour faire carrière, outre l'expertise, il faut posséder l'apparence adéquate et savoir s'exprimer en professionnelle digne de ce nom. La compétence ne représente qu'un ticket d'entrée. Elle permet seulement de se positionner sur la ligne de départ. C'est un prérequis ; tout le monde s'attend à ce que vous soyez compétente. Mais la compétence seule ne suffit pas pour atteindre les échelons supérieurs.

La crédibilité d'un individu dépend à 55 % de son apparence. Sa manière de s'exprimer compte pour 38 %, alors que le contenu de ses propos n'intervient qu'à hauteur de 7 % dans la confiance qu'il inspire. Si vous ne savez pas vous présenter ou vous comporter comme il se doit, peu importent vos qualités professionnelles, votre degré d'intelligence ou votre éducation. Fort heureusement, ce critère est l'un des plus faciles à satisfaire pour celles qui entendent progresser sur la voie la reconnaissance professionnelle.

Piège n° 73

Sourire à tort et à travers

Au cours d'un atelier sur le leadership au féminin, nous en étions à la discussion sur les moyens de valoriser notre expertise et d'imposer notre autorité. Une jeune Asiatique, ingénieur, ouvrit le débat en s'étonnant de l'attitude de ses collègues masculins qui ne lui accordaient aucun crédit et ignoraient systématiquement ses suggestions. À peine avait-elle terminé qu'une vague de rires secoua l'assistance. La raison en était simple : *tout au long de son exposé elle n'avait cessé d'afficher un large sourire, parfaitement incongru*.

On éduque davantage les filles que les garçons à sourire. Les parents ont d'ailleurs tendance à sourire plus aux bébés de sexe féminin qu'aux nourrissons masculins. Un homme qui ne sourit pas est pris au sérieux. Si une femme arbore un visage grave, on s'enquiert : « Qu'est ce qui ne va pas ? » Il n'est donc pas surprenant que nous ayons tendance à sourire à tout moment et souvent mal à propos.

MES CONSEILS

- Surveillez attentivement votre sourire. Je donne toujours à mes clientes pour consigne de « faire attention au sourire ».
- Mettez l'expression de votre visage en accord avec le message que vous entendez transmettre. On ne colle pas un timbre à l'aide d'un rouleau compresseur. Le langage de votre corps doit correspondre à votre discours.
- Lorsque vous devez faire une communication importante, entraînez-vous au préalable devant un miroir. Vous verrez rapidement si vous ne souriez pas de manière incongrue.
- Ne renoncez pas pour autant au sourire. Il vous rend plus aimable aux yeux des autres ; chacun sait qu'un visage avenant et ouvert favorise incontestablement le succès en société.
- Sachez discerner quand et comment sourire. Par exemple, utilisez votre sourire pour atténuer vos paroles ou pour témoigner de votre sympathie.

ACTION PRIORITAIRE ☐

Piège n° 74

Occuper le moins d'espace possible

Notre manière d'occuper l'espace révèle notre degré de confiance en nous et la conscience de notre propre importance. Plus vaste est l'espace utilisé, plus vous apparaissez comme une personne sûre d'elle. La prochaine fois que vous prendrez l'avion, observez comment se comportent vos compagnons de voyage. Dès qu'ils prennent place dans leur fauteuil, les hommes posent les bras sur les accoudoirs et déplient leurs jambes alors que les femmes se rencognent sur leur siège et gardent les coudes serrés de crainte de gêner le voisin.

Dans un ascenseur bondé, chacun s'efface pour laisser entrer les nouveaux arrivants, mais les femmes se tiennent tout au fond et dans le coin pour ne pas entraver la circulation.

De même, lorsqu'une femme fait un exposé en public, elle ne bouge pratiquement pas de l'endroit où elle se tient, comme si elle cherchait à occuper le moins d'espace possible. Cette habitude combinée à celle qui consiste à se montrer économe de ses gestes donne une impression de modestie excessive, de timidité, de peur du risque, de manque d'engagement.

MES CONSEILS

- Lorsque vous vous exprimez en public, utilisez le maximum de l'espace disponible. Parcourez-le dans tous les sens, de gauche à droite, d'avant vers l'arrière. N'hésitez pas à quitter le podium pour occuper environ 75 % de l'estrade ou de la scène.
- Dans une réunion, choisissez un siège qui ne limite pas la liberté de vos mouvements. Ne vous asseyez pas à un endroit où vous serez obligée de garder les bras le long du corps. Posez les coudes sur la table et penchez-vous légèrement en avant : cela signale que vous êtes doublement attentive aux propos de l'orateur.
- Lorsque vous vous tenez debout, face à l'auditoire, placez vos pieds à l'aplomb de l'écartement de vos épaules.
- Quand vous vous trouvez en position assise, afin d'acquérir de l'aisance et de paraître moins stricte, adoptez les mouvements conseillés pour éviter le piège n° 75.
- Le cas échéant, exigez de bénéficier d'un micro cravate ou d'un micro non fixe afin de pouvoir vous déplacer.

ACTION PRIORITAIRE ☐

Piège n° 75

Adopter une gestuelle inadaptée au discours

La gestuelle accompagne et complète la manière d'occuper l'espace. Au même titre que d'autres éléments constitutifs de l'apparence, nos gestes sont dictés par notre énergie vitale et contribuent à façonner notre image. Ils doivent donc s'intégrer dans notre stratégie de perfectionnement de cette dernière. Si vous envisagez d'accentuer votre présence en travaillant notamment sur votre manière de vous mouvoir dans l'espace, apprenez tout d'abord l'art de la gestuelle. Les femmes souffrent d'un lourd handicap à cet égard. On apprend en effet aux petites filles à mesurer leurs gestes, à rester calmement assises dans un coin, les mains croisées sur les genoux, et à ne pas montrer leurs émotions. Par crainte de manquer aux usages de la bonne éducation, parvenues à l'âge adulte, elles exagèrent et restreignent volontairement leurs gestes.

La comédienne Muriel Robin est l'exemple d'une personnalité extravertie, qui affecte des gestes larges, propres à remplir tout l'espace disponible. Elle entend signaler ainsi sa présence. Sauf si vous jouez les héroïnes de comédie de boulevard, je ne vous conseille cependant pas de l'imiter.

Hillary Clinton, elle, préfère un autre style, celui des représentants de la classe politique dont elle a adopté tous les tics. Tendue à l'extrême et très consciente de l'impact de la gestuelle, elle se transforme en automate. Elle accompagne chaque point décisif de son discours par ce petit mouvement brusque et saccadé du tranchant de la main bien connu des karatékas. Mais l'aspect prévisible et convenu de cette gestuelle aboutit à l'inverse de l'effet recherché : il distrait le spectateur et détourne son attention du message.

Or, le rôle des gestes est de renforcer le propos. La journaliste Anne Sinclair maîtrise parfaitement la gestuelle. Elle réussit cette gageure d'associer à la fois l'autorité, l'élégance et la féminité. Si vous avez l'occasion de la voir à la télévision, coupez le son et contentez-vous de regarder l'image. C'est une expérience riche d'enseignements. Par son apparence seule, elle rayonne d'assurance tranquille, sans l'impétuosité de Muriel Robin ou la technique appuyée d'Hillary Clinton.

MES CONSEILS

- Laissez vos gestes découler spontanément de votre message et de votre énergie.
- En situation de stress, prenez garde à ne pas vous frotter nerveusement les mains. Contrôlez-vous.
- Laissez la taille de l'auditoire dicter l'ampleur de vos gestes. Plus il est nombreux, plus vous pourrez vous laisser aller à de généreux effets de manche.
- Soulignez les points forts en les énumérant sur les doigts (un, deux, trois...).
- Tom Henschel, spécialiste de la communication, conseille à ses clients de « briser l'unité de la silhouette » par le geste. Lorsque vous vous tenez debout, les bras le long du corps ou placés devant vous, votre silhouette est vierge de tout mouvement. À mesure que vous occupez l'espace, vos gestes provoquent une rupture de la ligne continue de la silhouette. Cet exercice est réalisable que vous soyez assise à une table de conférence ou debout en train de discuter à la porte de votre bureau avec des collègues.
- Mettez de l'énergie dans vos mouvements et prenez plaisir à occuper le maximum d'espace !

ACTION PRIORITAIRE ☐

Piège n° 76

Être surexcitée ou amorphe

Allen Weiner, président d'une société spécialisée dans la communication, a forgé le terme de *carbonisation* pour désigner la tension ou le degré de sollicitation qui nous anime. Il tient compte des gestes, de l'expression du visage, de la vitesse de l'élocution et d'autres éléments du langage corporel. Nous avons tous été confrontés à des individus qui subissent une pression telle qu'ils sont sur le point d'exploser. Ils ressemblent à une canette de Coca-Cola que l'on aurait violemment secouée avant de l'ouvrir. Le désordre de leur attitude nous inspire une défiance que ne justifie pas leurs qualités réelles. À mon sens, les femmes présentent plus souvent ce type de comportement que les hommes, dans la mesure où elles se trouvent constamment partagées entre la responsabilité de leur devoir et le désir de ne déplaire à personne. Elles consacrent toute leur énergie verbale et comportementale à résoudre ce dilemme et se consument littéralement à ce jeu.

Inversement, une femme longtemps critiquée pour son trop-plein d'énergie ou son émotivité extrême aura tendance à sombrer dans l'inertie. Dans son effort de rétablir l'équilibre, elle freinera son hyperactivité. On la décrira alors comme une personnalité amorphe, ennuyeuse, déprimée, dépressive.

MES CONSEILS

- Si vous appartenez au type « hypocarbonisé », entraînez-vous à forcer votre voix. C'est un moyen naturel d'accroître votre combativité.
- La suractivité peut être liée à une forte anxiété. Exercez-vous à respirer à fond et essayez diverses techniques de relaxation qui vous aideront à retrouver plus de sérénité.
- Recherchez le juste milieu entre l'apathie et la suractivité. Enregistrez-vous sur magnétoscope et coupez le son. Comment décririez-vous la femme que vous voyez à l'écran ?

ACTION PRIORITAIRE ☐

Piège n° 77

Incliner ou hocher la tête

Incliner ou pencher la tête lors d'une conversation a pour effet d'atténuer le message transmis. Ce geste équivaut souvent à une question implicite. Il signale aussi que l'on écoute attentivement ou il a pour but d'encourager l'interlocuteur à se manifester. Les femmes y recourent plus souvent que les hommes, ce qui en soi n'a rien de spécialement négatif. Il peut cependant être interprété comme un manque d'assurance ou d'engagement de votre part, même lorsque vous êtes absolument certaine de ce que vous avancez. Il représente une variante des tactiques féminines visant à adoucir la portée d'un message difficile ou à modérer un ton susceptible d'apparaître agressif.

Dans un débat télévisé portant sur des questions d'économie, de politique nationale ou sur les grands enjeux internationaux, tel que *100 Minutes pour convaincre*, on voit rarement les participants pencher ou hocher la tête. En revanche, dans des émissions comme *Vie privée, vie publique*, Mireille Dumas réussit à obtenir des personnes interviewées des informations d'ordre très personnel, voire des confidences grâce à ses hochements de tête en signe d'assentiment ou d'empathie qui créent un climat de confiance favorable aux épanchements.

Je ne prétends pas imposer à qui que ce soit de renoncer définitivement à ce geste. Je précise simplement qu'il vaut mieux s'en abstenir pour ne pas entraver la portée du message, aussi ingrat soit-il.

MES CONSEILS

- Lorsque vous délivrez un message sérieux, évitez de pencher ou de hocher la tête. Regardez votre interlocuteur droit dans les yeux.
- Sachez utiliser ce geste à votre propre avantage, pour signifier, par exemple, que vous prêtez attention aux propos tenus ou pour faire comprendre à l'interlocuteur que vous partagez son sentiment.
- Une légère inclinaison de la tête sert parfois à combler un silence pesant : il signifie *prenez votre temps, je me tiens à votre écoute*.

ACTION PRIORITAIRE ☐

Piège n° 78

Se maquiller trop ou pas assez

Le maquillage est un sujet-piège. Je ne défends pas cette tradition publicitaire qui ravale les femmes au rang d'objets destinés à faire vendre un produit ou qui prétend édicter un code de la beauté et de l'apparence obligatoire pour toutes. Cependant, je reconnais que le maquillage n'est pas un élément de coquetterie anodin ; selon les cas, il apparaît excessif ou insuffisant. Une de mes clientes, une scientifique brillante, se plaignait un jour de voir sa carrière piétiner. Son supérieur que j'interrogeais à ce sujet détailla avec précision les défauts qu'elle devait corriger : son absence de stratégie, ses réticences à prendre la parole en public, son manque de combativité lorsqu'il s'agissait de promouvoir son équipe. Un long silence s'ensuivit qui me donna à penser que cette énumération n'était pas complète. D'un air gauche, il ajouta : « Elle pourrait peut-être aussi se maquiller légèrement. » Sa remarque peut se lire à deux niveaux : comme une phrase sexiste parmi d'autres, ou comme une observation judicieuse sur ce que l'on attend de toute femme qui affiche sa prétention à grimper les échelons de la hiérarchie.

Personne dans votre entreprise n'exigera de vous que vous ressembliez à une actrice ou à un mannequin. Le maquillage constitue un accessoire que l'on remarque au même titre qu'un bijou ou qu'une écharpe. Son absence choque autant que son extravagance et conditionne de la même manière votre crédibilité.

MES CONSEILS

- Rendez-vous au rayon des cosmétiques d'un grand magasin et demandez à bénéficier d'une consultation d'esthétique gratuite.
- Sollicitez l'avis d'une collègue ou d'une amie qui vous semble experte en la matière.
- Si vous n'avez pas l'habitude de vous maquiller, procédez par petites touches successives en suivant les conseils d'une amie ou d'une esthéticienne.
- Fréquentez les réunions organisées par les représentantes de la marque Avon. Vous y apprendrez des recettes utiles.
- Placez-vous le dos contre un miroir et retournez-vous rapidement. Examinez votre visage. Que remarquez-vous ? Le premier détail qui vous frappe, qu'il s'agisse de votre bouche, de vos yeux, de votre teint, mérite sans doute d'être atténué ou, au contraire, souligné par le maquillage.

ACTION PRIORITAIRE ☐

Piège n° 79

Porter une coiffure inadaptée

Nos cheveux, vaste programme ! Difficile de vivre avec, encore plus de s'en passer. Que de mauvais souvenirs de coupes manquées qui s'avèrent irrattrapables, de colorations affreuses ou de réveils avec une tête hérissée d'épis et de mèches rebelles. Les femmes affichent une prédilection pour les cheveux longs, ce qui constitue une erreur regrettable. Une des consultantes de notre cabinet me rapportait qu'après avoir reçu son diplôme de docteur en sciences de l'organisation, elle alla trouver un des médecins responsables de l'hôpital dans lequel elle travaillait afin d'évoquer les possibilités de promotion que lui conférait son nouveau titre. Il regarda longuement la magnifique chevelure blond vénitien qui tombait jusqu'à sa taille et se borna à ce commentaire laconique : « Renoncez au look Alice au pays des merveilles. »

Si je n'approuve pas cette formulation peu élégante, je considère toute information sincère comme un bienfait. Dans un environnement essentiellement masculin, la longueur de sa chevelure diminuait sa crédibilité en accentuant au contraire sa féminité. Nous ne saurons jamais s'il existe une relation de cause à effet entre la promotion qu'elle a finalement obtenue et sa visite chez le coiffeur dans les jours qui suivirent l'entretien. Elle reconnaît cependant que l'attitude des autres changea à son égard dès qu'elle fit couper sa somptueuse mais encombrante chevelure.

MES CONSEILS

- Ne cherchez pas à réaliser des économies chez le coiffeur. Montrez-vous exigeante quel qu'en soit le coût. Les femmes qui réussissent ne fréquentent pas les salons de coiffure de deuxième ordre.
- Il existe une proportion inverse entre la longueur des cheveux et l'âge. Ils doivent raccourcir à mesure que vous avancez en âge et que

vous progressez dans la hiérarchie. Une coiffure courte donne une impression de rigueur, de précision et de netteté, qualités éminemment professionnelles. À l'inverse, les cheveux longs accentuent les traits et les imperfections de l'âge, ce qui n'est pas souhaitable.

- Si vous refusez de sacrifier votre chevelure sur l'autel de la réussite professionnelle, adoptez le chignon.
- La coiffure, au même titre que le maquillage, ne constitue qu'un accessoire. Efforcez-vous de l'harmoniser avec les autres composantes de votre apparence.
- Si vos cheveux grisonnent, envisagez un balayage ou une coloration. Une chevelure poivre et sel sied à un homme mais elle vieillit prématurément le visage d'une femme.
- Retenez bien les conseils suivants :
    1. Ne cherchez pas à imiter les vedettes de variété en herbe, à la mine boudeuse et provocante, aux mèches collées par le gel, à la mini-jupe qui découvre largement les cuisses. Misez au contraire sur une apparence plus policée qui ne détournera pas l'attention de vos qualités professionnelles. Le professionnalisme n'est pas exclusif de la beauté et des avantages qu'elle procure. Encore doit-on savoir choisir son apparence et préférer la distinction et la sobriété à l'extravagance et à la vulgarité. Prenez modèle sur Céline Dion qui a su allier le talent, la beauté, la féminité et la rigueur professionnelle au service d'une réussite artistique d'exception.
    2. Dans vos choix de coiffure et de maquillage, tenez compte de l'ambiance de votre environnement de travail, ceci quelle que soit votre position dans la hiérarchie. Emmanuelle, directrice des ressources humaines, donne aux employées le conseil suivant : « Pensez à la manière dont vous vous coiffez lorsque vous sortez le samedi soir et adoptez la coiffure inverse au bureau. »

ACTION PRIORITAIRE ☐

Piège n° 80

Choisir sa garde-robe en dépit du bon sens

La vogue actuelle du style décontracté et du « Friday wear » a notablement compliqué les choix vestimentaires des salariées. Autrefois, les choses étaient simples : les femmes portaient des robes ou des tailleurs. Maintenant, la permissivité ambiante qui autorise le pantalon et le tailleur-pantalon augmente d'autant les possibilités d'erreur et les fautes de goût. Je ne vous donnerai qu'un conseil : *habillez-vous en fonction du poste auquel vous aspirez et non selon celui que vous occupez*. Vous ne risquez pas de commettre d'impair.

Les jupes courtes, les décolletés avantageux, les robes moulantes, les talons aiguilles, les chaussures mal cirées, les vêtements froissés ou qui tombent mal ne vous aideront pas à atteindre vos objectifs professionnels, tout au moins dans le monde de l'entreprise. Par ailleurs, on ne regarde pas uniquement le style mais également la *qualité* de vos vêtements.

Cette règle admet-elle des exceptions ? Absolument. Je travaille notamment avec une société de courtage qui impose un code vestimentaire classique et strict. Chaque fois que j'interviens dans cette entreprise et que j'aborde ce sujet, mes interlocutrices évoquent immanquablement une de leurs collègues qui brise délibérément toutes les règles en vigueur. Je ne peux que leur répondre ceci : « Cette femme constitue une exception. » De fait, elle possède à la fois une personnalité hors du commun et des compétences professionnelles qui la placent au-dessus des règlements. Présente dans l'entreprise depuis de nombreuses années, elle a d'emblée imposé sa supériorité professionnelle et sa réputation d'excentricité. On tolère non seulement son mode d'habillement mais aussi son comportement parce qu'elle apporte une réelle valeur à son employeur. Mais je ne conseillerais à personne de marcher sur ses traces, ni même d'essayer.

MES CONSEILS

- Prenez modèle sur les femmes qui occupent une position hiérarchique élevée dans votre entreprise. Inspirez-vous de leurs habitudes vestimentaires.
- Si le style décontracté est de mise dans votre entreprise, faites néanmoins l'effort de vous situer au-dessus de la norme.
- Lorsque vous devez intervenir en public, habillez-vous avec soin, privilégiez la robe ou le tailleur.
- Fréquentez les rayons des grands magasins ou les boutiques spécialisées dans le prêt-à-porter élégant.
- Considérez vos achats vestimentaires comme un investissement pour l'avenir. Prévoyez un budget spécifique pour vous offrir chaque année plusieurs tenues de qualité. Le fait de se sentir à l'aise dans ses vêtements renforce la confiance en soi.
- Sollicitez les services d'un styliste. Il établira la gamme des coloris qui s'harmonisent avec votre carnation et le ton de votre chevelure. Les tonalités de votre garde-robe jouent un rôle plus important que vous ne le pensez.

ACTION PRIORITAIRE ☐

Piège n° 81

S'asseoir sur une jambe repliée

J'avoue que je n'aurais jamais pensé à ce détail par moi-même. L'idée émane du docteur Doug Andrews, président de la School of Business de l'université de Californie du Sud, qui a longuement observé les étudiants de tous âges qui suivent ses cours. Il évoque souvent « l'habitude qu'ont certaines femmes de s'asseoir en repliant une jambe sous elles ». Le Dr. Andrews précise avec justesse que cette manie essentiellement féminine donne davantage l'impression d'avoir en face de soi une fillette qu'une adulte engagée dans la vie professionnelle. Justement, il y a quelque temps, alors que je me trouvai chez un antiquaire, je suis tombée en arrêt devant une photographie datant du début des années 1900, représentant une petite fille de 6 ou 7 ans assise, une jambe repliée sous elle. Cette pose conférait à l'enfant et au portrait une grande douceur.

MES CONSEILS

- La règle est simple : si vous voulez que l'on vous prenne au sérieux, asseyez-vous les pieds solidement posés sur sol, les genoux serrés. Lorsque la situation est plus décontractée, autorisez-vous à croiser les jambes à hauteur des genoux. Ne vous asseyez jamais sur votre jambe repliée.
- N'oubliez pas que, pour avoir de l'assise, il faut s'ancrer des deux pieds sur le sol.

ACTION PRIORITAIRE ☐

Piège n° 82

Rectifier sa mise en public

Avez-vous déjà vu un homme sortir un miroir de sa poche et se recoiffer après le déjeuner ? Ou limer ses ongles au beau milieu d'une réunion ? Cette seule pensée nous paraît ridicule. Aussi grande soit votre discrétion, les raccords de maquillage et le rapide coup de peigne ne passent pas inaperçus. L'entourage les remarque et les enregistre.

S'ajoute à cela une autre habitude (souvent inconsciente) qui consiste à ramener les cheveux derrière les oreilles. Les femmes y recourent fréquemment avant de se pencher sur un document à lire, dans une tentative de séduction ou par coquetterie. Quelle est, selon vous, la catégorie d'individus qui a pour coutume de « jouer avec ses cheveux » ? La réponse s'impose tout naturellement : il s'agit des adolescents. Le geste de rejeter ses cheveux derrière les oreilles participe du même état d'esprit ; c'est un comportement de personne immature. Chaque fois que vous êtes tentée de vous refaire une beauté, pensez que vous soulignez ainsi votre féminité au détriment de votre crédibilité.

MES CONSEILS

- Ne vous recoiffez pas et n'appliquez pas votre rouge à lèvres en public. Si la tentation s'avère trop forte, excusez-vous et rendez-vous aux toilettes.
- Si vous allez aux lavabos pour rectifier votre maquillage, soyez rapide. Ne laissez pas les autres convives patienter à table trop longtemps. Au besoin, attendez jusqu'à votre retour au bureau.
- Si votre reflet dans une glace trahit quelques défauts, ne les réparez pas sur-le-champ. Attendez de pouvoir y remédier lorsque vous serez seule.
- Évitez de toucher sans cesse vos cheveux. Répétez-vous : « Chaque fois que je touche mes cheveux, je perds une année de crédibilité aux yeux des autres. »

ACTION PRIORITAIRE ☐

Piège n° 83

Dissimuler ses mains sous la table pendant les réunions

On ne s'assied pas de la même façon en réunion et autour d'une table avec des amis. Vous pouvez vous dispenser d'obéir aux règles de politesse de votre enfance qui vous imposaient de garder les coudes éloignés de la table. Observez l'attitude de vos collègues masculins. Les hommes, confiants en eux-mêmes, se penchent en avant et posent les coudes et les mains sur la table. Lorsqu'un commentaire les intrigue, ils croisent les mains, y posent le menton et prennent l'air du penseur de Rodin.

Et nous, comment marquons-nous notre intérêt ? Nous reproduisons les comportements appris dans l'enfance : nous restons sagement assises, les mains croisées sur les genoux ou sous la table. La différence est frappante. Aussi dérangeante ou inconfortable soit-elle par rapport à nos habitudes, nous devons adopter la méthode consistant « à jouer carte sur table » si nous voulons que l'on nous prenne au sérieux.

MES CONSEILS

- En réunion, penchez-vous légèrement en avant, posez vos coudes sur la table, les mains croisées. Vous donnerez l'impression d'être engagée à fond dans le débat et cette position vous laissera une plus grande liberté de mouvement.
- Arrangez-vous pour prendre place près de la personne la plus influente du groupe. Par une sorte d'alchimie, il se trouve que le pouvoir de cette personne rejaillit sur ceux qui l'entourent. En outre, c'est une façon de montrer que le pouvoir ne vous fait pas peur.
- Ne soyez pas timorée à l'idée de vous asseoir à l'extrémité d'une longue table ou d'une table ovale. On ne vous demande pas de jouer le rôle de la doyenne de la famille au déjeuner de Noël. Aucun participant ne peut échapper à votre regard et, ce qui est tout aussi important, vous êtes vue de tout le monde.

ACTION PRIORITAIRE ☐

Piège n° 84

Porter ses lunettes en sautoir

Cette habitude provient sans doute d'une libraire des années 1950. Pourquoi les femmes se montrent-elles si sensibles à l'attrait de ces chaînettes qu'elles accrochent autour de leur cou pour y suspendre leurs lunettes ? Personne n'a jamais rien vu de tel chez les hommes. Avons-nous davantage tendance à égarer nos lunettes ou bien voulons-nous à toute force montrer que nous avançons en âge ? Dans les grands magasins, les chaînes à lunettes sont même proposées au rayon des articles de mode.

Au cours d'un atelier où les participantes apprenaient à améliorer leur apparence, une femme de 55 ans environ insista pour conserver ses lunettes pendant la demi-heure que dura sa session d'enregistrement sur vidéo. Elle passa son temps à les tourner et les retourner en les tenant par les branches tandis qu'elle écoutait les questions de l'animatrice. J'en arrivai à cette conclusion que les lunettes équivalaient davantage à un accessoire qu'elles ne répondaient à une nécessité.

Au risque d'être accusée de racisme antivieux, je précise qu'à l'inverse de la gent masculine, les femmes ne gagnent pas en crédibilité en vieillissant. Si l'âge ne constitue ni un tabou, ni une honte, il ne me semble pas indispensable de le souligner ou d'en tirer un quelconque sujet de gloire.

MES CONSEILS

- Si vous éprouvez des difficultés à lire vos notes au cours d'une réunion, tapez-les en gros caractères de manière à pouvoir les déchiffrer sans lunettes. Présentez-les sous Power Point. Cela vous épargnera de mettre et d'ôter sans cesse vos lunettes.
- Si vous avez besoin de manipuler un objet, choisissez un marqueur ou un stylo. Personne ne vous le reprochera sauf si vous déconcentrez l'assistance en le tournant entre vos doigts ou en le tapant contre le rebord de la table.
- Voici un truc de mon ophtalmologue : portez des lunettes en demi-lune. Bien que je souffre de myopie sévère, j'ai adopté les lentilles de contact et porte par-dessus des lunettes en demi-lune pour lire de près. Je n'ai donc pas à les mettre et à les ôter constamment.
- Le port de lunettes peut se révéler un avantage pour celles qui paraissent trop jeunes et qui souhaitent se donner une apparence plus sérieuse. Il suffit de choisir des lunettes sans visée correctrice qui apporteront à vos traits la sévérité qui leur fait défaut.

ACTION PRIORITAIRE ☐

Piège n° 85

Arborer des bijoux inadaptés à l'occasion

Les bijoux peuvent rehausser votre image de marque ou lui porter atteinte. Il n'y a pas longtemps de cela, je regardais à la télévision une conférence de presse de Madeleine Albright. Elle portait une robe d'une coupe impeccable – tout à fait adaptée à la situation –, ornée de son emblématique broche en forme d'épingle. Ce détail me sauta aux yeux et polarisa mon attention pendant toute la prestation de l'ancien secrétaire d'État. Je m'intéressais davantage à l'épingle – D'où provenait-elle ? Que représentait ce bijou pour celle qui le portait ? – qu'aux propos de l'oratrice.

J'ai appris à utiliser les accessoires pour accentuer l'aspect sérieux de ma personnalité et donner de moi une image professionnelle. Lorsque je veux atténuer cette impression, j'épingle une broche fantaisie sur le revers de ma veste. Il y en a une qui attire davantage le regard par son originalité : elle représente un groupe de trois jeunes femmes qui se tiennent par le bras, les cheveux au vent, vêtues de robes de couleurs vives. Elle me sert à faire passer le message suivant : *je suis quelqu'un de sérieux mais j'aime aussi me divertir comme tout le monde*. Bien entendu, si, un jour, quelqu'un me taxait de coquetterie et de frivolité, je modifierais immédiatement ce choix.

Des accessoires sélectionnés avec soin apportent de l'élégance et du style à des vêtements parfois trop classiques. Ils révèlent des éléments de votre personnalité qui ne transparaissent pas nécessairement à travers vos propos et votre seule présence. Mais lorsqu'ils s'avèrent inadaptés ou excessifs, ils nuisent à votre crédibilité. Les accessoires ont leur propre langage. Réfléchissez bien à ce que vous voulez leur faire dire.

MES CONSEILS

- Ne portez pas de pendentifs d'oreilles au bureau. Préférez des clips que vous choisirez en fonction de votre taille et de la longueur de vos cheveux.
- Faites l'acquisition d'un collier et de boucles d'oreilles en perles de culture. Ce sont des bijoux classiques et élégants qui ne se démodent pas.
- Sélectionnez chaque matin vos accessoires en fonction de vos vêtements mais aussi d'après l'emploi du temps de la journée. Une broche amusante peut être portée au bureau lorsque vous ne rencontrez personne d'autre que vos collègues mais paraît déplacée dans une réunion de direction consacrée à la planification stratégique.
- Devant un auditoire nombreux, vous pouvez arborer un bijou important. Mais face à un petit groupe, il semble plus avisé de porter un bijou plus petit et plus sobre. N'imitez pas Madeleine Albright.
- Reportez-vous aux conseils sur le maquillage que j'ai donnés pour éviter le piège n° 78. Placez-vous dos à un miroir et retournez-vous rapidement. Remarquez-vous un détail choquant ? Si tel est le cas, mieux vaut changer de bijoux.

ACTION PRIORITAIRE ☐

Piège n° 86

Éviter le regard de l'interlocuteur

Diverses raisons peuvent nous inciter à éviter le regard de l'autre. Dans certaines cultures, baisser les yeux ou les détourner est une marque de respect vis-à-vis d'une personne plus âgée ou de rang social et de statut supérieurs. Selon des chercheurs en psychologie, cette attitude indique la fourberie et l'intention de tromper. Un enfant pris en faute ou que nous réprimandons ne nous regarde pas droit dans les yeux ; il fixe obstinément le sol.

Chez une femme, le fait d'éviter le contact oculaire témoigne d'un manque d'assurance ou d'un sentiment de malaise. Si les yeux sont le miroir de l'âme comme le veut le dicton, servez-vous de votre regard pour communiquer à votre interlocuteur votre confiance en vous, votre sincérité, votre savoir mais également pour déceler ses intentions et sa personnalité. Le comportement des journalistes de télévision telles que Ruth Elkrief ou Christine Ockrent est riche d'enseignements à cet égard. Vous noterez qu'elles maîtrisent parfaitement les règles du jeu. Elles plantent leur regard droit dans les yeux de leur hôte, tout particulièrement lorsqu'elles posent une question difficile ou gênante. En revanche, dès qu'une remarque les met dans l'embarras ou les prend au dépourvu, elles détournent insensiblement la tête. En fixant l'interlocuteur dans les yeux, elles devinent plus ou moins ses pensées, ce qui leur permet d'élaborer mentalement leur prochaine question. Mais sans être une professionnelle de la télévision, vous pouvez vous aussi apprendre à utiliser votre regard.

MES CONSEILS

- Observez l'habileté des actrices à exprimer à travers leur regard toute la palette des émotions. Prenez modèle sur elles pour charger vos yeux de traduire les messages que vous voulez transmettre.
- Si l'on vous reproche de fixer trop directement l'interlocuteur dans les yeux, apprenez à déplacer votre regard légèrement vers le haut ou de côté pendant que vous réfléchissez à votre réponse. Cette brève interruption du contact oculaire allège la tension.
- Lorsque vous saluez quelqu'un, regardez-le bien en face. Vous vous placez ainsi sur un pied d'égalité avec lui.

ACTION PRIORITAIRE ☐

Chapitre 8

Comment répondez-vous ?

Nous avons jusqu'ici passé en revue les comportements susceptibles d'entacher ou de diminuer votre crédibilité. Dans cette dernière section, nous allons envisager les différentes réponses possibles aux agissements négatifs d'autrui.

De nombreuses femmes sont victimes d'une éducation qui leur a enseigné à réagir par la docilité, la politesse ou l'acquiescement à des conduites pourtant inadmissibles. Je cite à titre de preuve ce témoignage d'une femme qui me rapporta une triste aventure vécue au cinéma à l'âge de 7 ou 8 ans. Elle avait l'habitude d'aller aux matinées du dimanche avec des cousins un peu plus âgés. Un jour, un homme s'assit auprès d'elle et commença à l'ennuyer. Elle attendit quelques minutes et déclara à ses cousins qu'elle souhaitait changer de place sans en exposer la raison. Ils s'installèrent à un autre rang mais l'individu leur emboîta le pas, prit le siège à côté du sien et poursuivit son manège. Pétrifiée de peur et de dégoût, elle ne savait comment réagir et supporta la situation stoïquement jusqu'à la fin de la séance.

Lorsqu'elle évoque cette histoire des années après, elle s'étonne de n'avoir pas eu l'idée ou le courage de lui intimer l'ordre d'arrêter ou de ne pas avoir appelé ses cousins à l'aide. Malheureusement, ce type de réaction est commun à un grand nombre de femmes. Personne ne nous apprend à nous défendre ou à répondre aux affronts. Vis-à-vis de la colère, on peut opposer l'attitude des petits garçons à celle des petites filles. On encourage les garçons à défendre leur droit et on enseigne aux filles à tendre l'autre joue. Nous sommes conditionnées à tolérer des comportements indignes. Désapprendre les messages de la prime enfance constitue une étape primordiale vers une vie d'adulte autonome et libre.

Piège n° 87

Intérioriser les messages parentaux

Les parents ont une responsabilité considérable dans la transmission des messages que leurs enfants conserveront leur vie durant. Fort heureusement, il n'y a pas que des messages négatifs. Mais, d'une manière ou d'une autre, ils déterminent notre confiance en nous et façonnent l'image que nous avons de nous-mêmes par rapport aux autres. Les petites phrases pernicieuses : « Ah, tu ressembles bien à ton père – tu n'arriveras à rien dans la vie » ou « Tu es une adorable petite-fille ; tu vas grandir, te marier et avoir beaucoup d'enfants » fixent d'avance le destin de l'enfant auquel elles s'adressent.

Les messages ne sont pas toujours de nature verbale. Ils peuvent prendre la forme d'attentes implicites. Une des premières tâches de mon travail de coach consiste à faire prendre conscience à mes clientes des messages reçus dans leur petite enfance et à analyser leurs retentissements sur le présent. Nos plus grandes forces se construisent souvent en réponse aux exigences et aux espoirs parentaux explicites et implicites. Nous en devenons totalement dépendantes et nous nous accrochons à des messages qui n'ont plus de raison d'être.

Laissez-moi vous donner un exemple. Marianne est l'aînée d'une famille de sept enfants. Ses deux parents étaient alcooliques et se reposaient entièrement sur elle pour élever la fratrie. Comme la plupart des enfants issus d'un milieu alcoolique, elle se montrait attentive, responsable et protectrice à l'égard de ses frères et sœurs. Personne ne lui dictait sa conduite, elle savait ce qu'elle devait faire. Ce mode de comportement lui servit au début de sa carrière. Ses supérieurs appréciaient son esprit d'initiative, sa capacité à affronter les difficultés et sa sollicitude à l'égard des nouveaux venus qu'elle prenait sous sa protection et auxquels elle enseignait les ficelles du métier.

Quelques années plus tard, cependant, ces mêmes qualités sont devenues un frein à la progression de sa carrière. Ce qui était considéré auparavant comme du courage, son aptitude à faire face aux difficultés, passe désormais pour un excès d'autorité. Sa propension à chaperonner les nouveaux venus est maintenant vue comme un désir d'intrusion et une volonté de contrôle. Quant à son sens de l'initiative, autrefois si prisé de ses supérieurs, il est interprété comme une façon de « se mettre en avant » pour accaparer les missions et les projets les plus porteurs.

Marianne a parfaitement intériorisé les messages de son enfance. C'est d'ailleurs la cause de toutes ses difficultés présentes. Encore ne s'agit-il que de messages implicites. Je vous laisse imaginer la puissance et l'impact des messages verbaux. Notre travail avec Marianne ne doit pas consister à la convaincre de renoncer à des comportements qui ont prouvé leur efficacité à une certaine étape de sa carrière. Il faut plutôt lui proposer des schémas de comportements alternatifs en fonction de la situation. Ainsi, au lieu de se porter systématiquement volontaire pour les projets complexes, elle doit se demander qui, dans son entourage, serait le plus apte à en retirer un bénéfice en termes de formation ou d'apprentissage. De la même façon, au lieu de se précipiter pour relever les fautes commises, elle doit laisser passer les erreurs mineures, pour que chacun en retire un enseignement et cesse de voir en elle un esprit tatillon toujours prêt à critiquer.

MES CONSEILS

- Demandez-vous de quelles leçons apprises dans l'enfance vous tirez vos plus grandes forces et vos défauts et quelles attitudes complémentaires pourraient les équilibrer.
- Lisez le livre d'Alice Miller, *L'Avenir du drame de l'enfant doué*[1]. L'auteur explique que la plupart des réactions inappropriées de l'âge adulte résultent d'attentes irréalistes ou, au contraire, de jugements dépréciateurs (les deux se mêlant parfois) formulés par les parents au cours de l'enfance. L'ouvrage offre un cadre de réflexion qui permet au lecteur de réagir au lieu de laisser des messages intériorisés guider ses actions.

1. Alice Miller, *L'Avenir du drame de l'enfant doué*. PUF.

- Dans votre tête d'adulte se déroulent les messages de votre enfance. Lorsque ces messages entravent le développement de votre potentiel professionnel et personnel, efforcez-vous de les faire taire. Si vous n'y parvenez pas seule, envisagez de recourir à une psychothérapie.
- Affichez à un endroit bien visible cette phrase de Eleanor Roosevelt et répétez-la souvent pour vous-même : « Personne ne peut vous convaincre de votre infériorité sans votre consentement. »

ACTION PRIORITAIRE ☐

Piège n° 88

Croire que les autres sont plus savants que vous

Valérie est consultante en organisation et possède son propre cabinet. Auparavant, elle a travaillé plusieurs années au siège social d'une célèbre chaîne de restauration rapide en tant que directrice du développement en matière d'organisation. Cette double expérience lui assure une réelle expertise dans son domaine. Un prospect lui demanda un jour d'organiser un stage ayant pour but de renforcer la cohésion de son équipe. Cet homme était ce qu'il est convenu d'appeler un Monsieur-je-sais-tout, sûr de son fait et particulièrement agressif. À mesure qu'il détaillait le projet tel qu'il l'envisageait, Valérie se rendait compte que le problème à résoudre se résumait en fait à un conflit entre deux salariés.

À l'issue de son exposé, Valérie tenta de lui expliquer qu'il faisait fausse route. Elle lui démontra que, lorsqu'un conflit oppose deux membres, il s'avère vain de travailler d'emblée sur la cohésion de l'équipe dans son ensemble. Il est préférable de résoudre d'abord le problème relationnel entre les deux personnes. Mais le client ne voulut rien entendre. Selon son dire, il avait à plusieurs reprises fait appel à des consultants extérieurs dans des situations analogues et connaissait leur manière d'aborder la question. Il était persuadé que le conflit se réglerait de lui-même grâce à une session de formation au travail de groupe.

En tant que consultant, Valérie devait arbitrer entre le désir de son client et ce que lui dictait son sens professionnel. Devait-elle prendre le risque de perdre le contrat en tentant d'imposer sa propre vision ou acquiescer à la volonté du client en sachant qu'elle courait probablement au désastre ? Elle finit par opter pour la seconde solution et organisa un stage de deux jours hors de l'entreprise pour les douze membres de l'équipe de son client. Après avoir mûrement réfléchi, Valérie tentait de se convaincre elle-même qu'il avait peut-être raison. Quoi qu'il en fût, elle était résolue à tenter l'aventure.

Le stage se solda par un échec retentissant. Valérie passa la majeure partie de son temps à jouer les médiateurs entre les deux salariés. Elle s'efforça tout d'abord d'exploiter leur antagonisme à des fins pédagogiques (travail sur l'écoute, gestion des interactions, exercices sur la résolution des conflits…). Mais, à la longue, la tension régnant dans la salle eut raison de la patience et de la concentration des autres participants qui finirent par « décrocher » mentalement. Le blocage entre les deux protagonistes persista et les autres eurent l'impression d'avoir perdu leur temps.

Comme nombre de ses consœurs, Valérie avait sous-estimé ses propres connaissances et ses capacités pour ajouter foi à l'opinion d'une personne non autorisée. Qu'il s'agisse d'un médecin ou d'un vendeur d'automobiles, nous sommes persuadées que l'autre en sait davantage que nous. Valérie avait fait confiance à ce manager avec le résultat que l'on sait. Sa réputation professionnelle en subit les conséquences et le client ne se priva pas de lui faire de la contre-publicité au lieu de reconnaître que le diagnostic initial était juste et que l'erreur lui incombait entièrement. Elle aurait dû refuser d'obtempérer, quitte à devoir renoncer au projet. Contrairement aux hommes, nous reconnaissons volontiers nos défauts et nos lacunes mais nous ne savons pas imposer notre vérité. Les hommes peuvent nous raconter la fable la plus extravagante avec une autorité qu'aucune femme ne possédera jamais. Et le pire, c'est que nous les croyons !

MES CONSEILS

- Avant de vous persuader de l'omniscience de votre interlocuteur, mettez-la à l'épreuve. Quelques questions sensées telles que « Sur quels éléments fondez-vous votre proposition ? » ou « Comment savez-vous cela ? » le convaincront que vous n'êtes pas quelqu'un de facile à berner.
- Avant de solliciter l'opinion d'autrui, assurez-vous que vous en avez réellement besoin. Nous avons vu précédemment que le fait de poser une question dont vous connaissez par avance la réponse diminue votre crédibilité.
- Lorsque vous pressentez qu'un fait ou qu'une affirmation sonne faux, vous avez très probablement raison. Gagnez du temps en insistant pour obtenir un délai de réflexion avant de donner votre réponse.

ACTION PRIORITAIRE ☐

Piège n° 89

Prendre le compte rendu de réunion, préparer le café et faire les photocopies

À chaque seconde de chaque jour qui s'écoule, il se trouve quelque part dans le monde une femme qui s'arrache les cheveux sur ce sujet. Combien de fois ai-je entendu un homme proposer : « Demandons à Sylvie, Claire, Isabelle……(complétez vous-même les pointillés) de prendre le compte rendu de la réunion. C'est elle qui rédige le mieux. » Ou encore : « Linda, auriez-vous la gentillesse de préparer du café ? » comme s'il s'agissait vraiment d'une question !

Dans les ateliers et les stages que j'organise, les participantes m'interrogent souvent sur ce point : « Quelle attitude dois-je adopter quand on me demande de faire le café ou de prendre des notes ? » La réponse est d'une simplicité évidente : « Refusez. » Mais son application n'est pas si facile à mettre en œuvre. Chaque fois que nous acceptons l'une de ces tâches, nous perpétuons ce rôle stéréotypé de la femme qui nourrit, soigne et sert les autres, y compris au bureau. Résultat de l'affaire : nous éprouvons des remords et nous sommes furieuses contre nous-mêmes. Ce qui ne modifie en rien la situation. Comment réagir face à de telles demandes ? Voici quelques conseils susceptibles de vous aider.

MES CONSEILS

- Exposez à votre patron la manière dont vous ressentez cette demande et proposez un système de rotation. S'il vous répond que vous avez tort d'en faire toute une affaire, répliquez calmement et simplement que vous y attachez une grande importance.
- Si quelqu'un propose devant toute l'assemblée que vous fassiez les photocopies ou que vous preniez le compte rendu, répliquez d'un ton neutre et sans émotion apparente : « Je vais déléguer cette tâche à quelqu'un d'autre aujourd'hui, je m'en suis déjà chargée lors de la dernière réunion. »
- Montrez que vous savez gérer une réunion en établissant la liste des tâches à effectuer et en proposant de les confier à l'assistante de direction du service.
- Si cela ne fait pas partie de la culture de l'entreprise, suggérez l'idée de confier ces tâches au dernier arrivé.

ACTION PRIORITAIRE ☐

Piège n° 90

Tolérer des comportements inadmissibles

Sarah a été mutée en décembre au service financier du siège social, afin d'y effectuer une mission de développement. Elle y bénéficie d'un bureau à l'étage directorial, mais à son arrivée elle a constaté que celui-ci n'était pas équipé d'ordinateur portable. « C'est simple, pensa-t-elle, je vais demander au service informatique de m'en livrer un. » On lui répondit qu'il n'y avait pas d'ordinateur disponible pour le moment mais qu'elle en recevrait un dans la semaine qui suivait. Deux semaines passèrent. Elle rappela le service informatique. Le directeur lui présenta ses excuses : sa femme venait d'accoucher, il s'était absenté quelques jours et cela avait bouleversé le planning normal. L'ordinateur prévu pour elle avait été remis à quelqu'un d'autre (un homme, bien sûr). Il allait voir ce qu'il pouvait faire. Noël arriva et le service ferma pendant deux semaines.

Lorsque je rencontrai Sarah à la mi-février, l'ordinateur promis n'était toujours pas là. Elle me montra la note de service qu'elle avait adressée au directeur de l'informatique :

> J'admets parfaitement que vous êtes surchargé de travail et que vous manquez de personnel. Mais deux mois et demi de délai pour obtenir un ordinateur portable dont j'ai besoin pour effectuer mon travail, constitue un délai qui me paraît excessif. Je vous serais reconnaissante de faire en sorte que je puisse disposer d'un ordinateur le plus tôt possible.

Qu'est-ce qui ne convient pas dans cette lettre, me direz-vous ? Le ton est trop compréhensif, trop gentil et manque de précision. Voici ma propre version :

> Il y a deux mois et demi, j'ai demandé un ordinateur portable. En dépit de vos promesses, je ne l'ai pas encore reçu à ce jour. Cette carence complique très sérieusement ma tâche. Je souhaite donc vivement disposer d'un ordinateur vendredi au plus tard. Si cela

ne s'avère pas possible ou si je ne peux l'obtenir à cette date, je me verrai obligée de solliciter l'intervention de votre supérieur et du mien. Pouvez-vous m'appeler aujourd'hui même pour que nous en discutions ?

Cette formulation *décrit* le problème, *explique* où il réside, *spécifie* l'objectif recherché, *expose* les conséquences. Elle reprend tous les éléments du modèle DESCript (voir le piège n°68).

MES CONSEILS

- Inscrivez-vous à un cours d'autodéfense. En apprenant à vous défendre physiquement, vous acquerrez également les moyens de vous défendre oralement.
- Commencez vos phrases par le pronom personnel *Je* au lieu de les introduire par *Vous* qui donne un ton accusatoire à vos messages et ne contribue pas à les résoudre. Voici quelques exemples à l'appui :

Vous m'interrompez sans cesse

devient :

J'aimerais que vous me laissiez terminer ma phrase.

Vous ne pouvez me faire cela

se transforme en :

Je ne suis pas satisfaite de la manière dont on me traite. Je souhaiterais en parler.

- Ne ravalez pas vos sentiments – ils finissent tôt ou tard par ressurgir. Prenez l'habitude de vous interroger sincèrement sur ce que vous ressentez lorsque l'on vous manque de respect et exprimez vos sensations en employant la forme subjective :

« J'ai l'impression d'être traitée comme une enfant quand on me parle ainsi. »

« J'ai le sentiment qu'on me manque de respect quand on ne tient pas compte de mes idées. »
« J'ai l'impression d'être exploitée. »
« J'estime avoir le droit de connaître les raisons qui motivent le rejet de ma demande. »

- Le fait de ne pas réagir immédiatement à une offense n'implique pas que vous vous interdisiez le droit de revenir sur la situation et d'y réfléchir. Lorsque l'on est pris au dépourvu, les mots adéquats ne viennent pas spontanément aux lèvres. Rien ne vous empêche de déclarer ultérieurement : « Je repensais à un événement qui s'est produit hier et j'aimerais vous faire part de mon sentiment à ce sujet. »

ACTION PRIORITAIRE ☐

Piège n° 91

Se montrer trop patiente

Selon un adage populaire, *tout arrive à qui sait attendre*. Les femmes ont tendance à prendre cette maxime au pied de la lettre et à l'appliquer avec excès. Lorsque l'on dit d'un homme qu'il est *impatient*, cela veut dire que c'est un battant, qu'il prend des risques, qu'il n'hésite pas à aller de l'avant. L'impatience chez une femme revêt une tout autre signification. Une femme impatiente attend trop de la vie et des autres, elle veut tout obtenir tout de suite ou elle refuse de se plier aux règles du jeu. En résumé, nous dirons que l'impatience n'est pas considérée comme une vertu qui sied aux femmes.

On avait assuré à Carole qu'en se montrant patiente, elle finirait par obtenir la promotion promise. Elle patienta donc un certain temps, puis encore plus longtemps. Six mois passèrent ainsi et son patron fut nommé dans une autre division du groupe. Avant son départ, elle l'interrogea sur sa promotion. Il lui répondit que son successeur s'en occuperait. Vous imaginez sans peine ce qui survint. Le nouveau patron arriva, totalement ignorant des engagements pris par son prédécesseur et s'en souciant à vrai dire fort peu. La promotion des salariés méritants ne faisait pas véritablement partie de ses priorités…

MES CONSEILS

- Un dirigeant m'a avoué qu'il ne voyait aucun inconvénient à être sollicité une fois, deux fois, mais qu'à la troisième reprise, il estimait que cela suffisait. Si vous voulez réellement obtenir une faveur, demandez-la au moins une fois.
- Ne croyez jamais une personne qui vous accuse d'être impatiente. Ce n'est qu'une tactique visant à vous décourager.
- Lorsque l'on vous exhorte à la patience, cherchez à savoir combien de temps vous devrez attendre. Si votre interlocuteur fixe un

délai trop lointain, suggérez de le raccourcir en proposant, par exemple : « C'est beaucoup plus long que ce que j'avais envisagé ou que ce dont nous étions convenus. Nous pourrions peut-être ramener le délai à deux semaines au lieu d'un mois. »

- Si l'on vous demande d'attendre plus longtemps qu'il ne semble nécessaire, demandez-en la raison. Si l'explication vous paraît raisonnable, continuez à patienter. Dans le cas contraire, envisagez d'autres solutions.

ACTION PRIORITAIRE ☐

Piège n° 92

Accepter des missions sans avenir

Il existe toujours un moment de notre carrière où l'on nous propose une mission qui n'offre aucun débouché. Ceci que l'on soit un homme ou une femme. Accepter ou refuser, telle est la question... La réponse souffre quelques nuances : cela dépend. N'acceptez pas un projet parce que vous vous y sentez contrainte ou parce que vous ne voulez pas que l'on vous taxe d'ingratitude. *A priori*, vous ne pouvez savoir où il vous mènera. D'un autre côté, il peut fort bien conduire à une impasse.

On a proposé un jour à une de mes anciennes clientes une mutation dans une division plus petite, éloignée du siège social et qui se trouvait déficitaire. La jeune femme, désireuse de prouver qu'elle était capable de redresser une situation catastrophique et motivée par l'ambition de pouvoir accéder ensuite à un poste mieux considéré et plus rémunérateur, n'a pas réfléchi deux fois avant d'accepter. Si elle s'était donné la peine de se renseigner auparavant, elle aurait appris que l'ancien directeur avait démissionné suite à des rumeurs concernant un éventuel rachat de la division. Elle n'occupait son poste que depuis huit mois lorsque la cession est devenue effective. Et sa carrière s'est poursuivie dans une structure plus petite et moins prestigieuse. Comment ne pas croire qu'on lui avait offert ce poste pour trois raisons : (1) parce que c'était une femme, (2) qu'elle était jeune et (3) naïve.

MES CONSEILS

- N'acceptez jamais une mission sans en connaître les tenants et les aboutissants. Renseignez-vous sur la stratégie de l'entreprise concernant le service ou la division en question, sur sa position dans le groupe, sur les raisons de la vacance du poste que vous envisagez d'occuper, et sur les éventuels débouchés.

- Mieux vaut prendre le risque de refuser un poste sans avenir que d'accepter une mission dans laquelle d'autres ont échoué ou qui n'offre aucun intérêt particulier. Or, vous ne pourrez détenir tous les éléments d'information qu'en vous étant soigneusement renseignée au préalable.
- Au moment de donner votre accord ou de décliner une offre qui vous paraît suspecte, tenez compte des cinq critères suivants :
    1. Le poste permet d'être en contact avec les dirigeants de l'entreprise.
    2. Il offre des possibilités d'avancement dans un délai de douze à dix-huit mois.
    3. Vos compétences exceptionnelles vous permettront de transformer une voie sans issue en voie royale vers la réussite.
    4. Cette mission représente l'occasion rêvée d'accroître votre réseau de relations.
    5. Vous n'avez rien à perdre.
- Dans certains cas, il peut s'avérer judicieux d'accepter une mission jugée secondaire. Ce type d'engagement possède des inconvénients et des avantages. Vous acquérez des compétences nouvelles mais vous retardez d'autant votre ascension selon la voie hiérarchique classique. Lorsque la situation économique provoque une raréfaction des postes ou que l'entreprise supprime des niveaux hiérarchiques, cette tactique peut se révéler porteuse à terme. Si vous éprouvez des doutes quant à la politique à tenir, renseignez-vous pour connaître la position de vos collègues masculins et exigez d'être traitée sur le même plan.

ACTION PRIORITAIRE ☐

Piège n° 93

Privilégier l'intérêt d'autrui par rapport au sien

En tant que femmes, nous sacrifions souvent nos besoins à ceux de notre entourage. Qu'il s'agisse de prendre en charge un parent âgé, de suspendre nos études pour permettre à notre conjoint de terminer les siennes, d'annuler un projet qui nous tient à cœur parce que notre fille nous supplie d'assister à son gala de danse, les résultats sont les mêmes. Vous faites passer votre intérêt après celui d'un autre. Bien entendu, cela se justifie dans certains cas où vous n'avez pas d'autre choix, mais si l'exception devient la règle, il est temps de vous demander si vous ne contribuez pas vous-même à prolonger la situation.

Au bureau, nous voyons ce phénomène se produire chaque fois que les fonds, les postes ou les avantages se raréfient. Dans leur désir d'équité ou par sollicitude pour les autres, les femmes relèguent leurs besoins au second plan ou réduisent leurs attentes. À terme, elles n'ont plus d'autre issue que de subir une situation qu'elles ont créée elles-mêmes.

MES CONSEILS

- Prenez conscience de vos désirs et de vos besoins en les reformulant mentalement de manière répétée. Les femmes prennent si souvent l'habitude de négliger leurs propres attentes qu'elles les oublient.
- Mettez votre activité professionnelle et votre vie familiale entre parenthèses pendant vingt minutes et accordez-vous un moment de loisir. Prenez le temps de lire un journal, de vous promener, d'écouter de la musique, de téléphoner à une amie.
- Initiez-vous à l'art de la négociation. Suivez des cours ou lisez des ouvrages spécialisés. Par exemple, savez-vous que les gens qui demandent toujours davantage ont plus de chances que les autres d'obtenir

satisfaction ? Ou encore qu'il faut morceler ses exigences au lieu de les afficher en bloc ?

- Ne cédez jamais par lassitude ou pour avoir la paix.
- Répétez-vous sans cesse que vous ne faites pas preuve d'égoïsme en voulant combler vos aspirations – y compris si vos désirs interfèrent avec ceux des autres.
- Équilibrez votre vie privée et votre activité professionnelle. Certains se réfugient dans le travail pour combler le vide de leur existence.

ACTION PRIORITAIRE ☐

Piège n° 94

Nier son pouvoir

Lorsque j'ai créé mon cabinet de psychothérapie, j'ai choisi de m'installer dans le centre-ville de Los Angeles. Je comptais en effet proposer mes services à la population féminine qui travaille dans les nombreuses entreprises situées alentour. La plupart de mes patientes avaient effectué des études supérieures et bénéficiaient d'une remarquable réussite professionnelle. Elles possédaient un autre point commun : leur incapacité à reconnaître ou à admettre leur propre pouvoir.

Quand j'entendais ces femmes me rapporter le récit de leur exploitation, de l'ignorance, des brimades dont elles étaient victimes dans leur travail, je ne pouvais m'empêcher de les interrompre ainsi : « Comment est-il possible qu'une femme qui possède votre pouvoir se laisse traiter ainsi ? » Et chaque fois, je m'attirais la réponse : « Mais je n'ai aucun pouvoir ! »

Je décidai de me pencher sur ce curieux phénomène et découvris que ce déni du pouvoir exercé provenait de messages reçus dans l'enfance et l'adolescence. Pour de nombreuses femmes, le pouvoir reste associé à une image masculine ; dans la langue française, le terme est d'ailleurs du genre masculin. Il est lié à la notion d'autorité. Or, qui exerce le plus fréquemment l'autorité ? Il suffit de regarder qui dirige les grandes entreprises nationales et internationales pour le savoir. Au moment où je rédige ces lignes, force est de constater que sur les mille premières entreprises des États-Unis, seules onze possèdent une femme à leur tête.

Julia est l'exemple type d'une femme que le déni de son propre pouvoir a menée à la dépression et à un semi-échec professionnel. Elle était avocate dans un prestigieux cabinet. À l'issue de cinq ans d'ancienneté, sa carrière paraissait stagner. Des collègues masculins, plus jeunes et moins expérimentés, arrivés plusieurs années après elle dans l'entreprise, traitaient des dossiers plus ambitieux et bénéficiaient en outre plus souvent qu'elle de l'aide d'une assistante. Inutile de préciser que le sentiment de son incompétence et la déprime commençaient à ronger Julia. Tout alla de mal en pis. Elle s'enferma dans un cercle vicieux : ses efforts pour vaincre la dépression mobilisant toute son énergie, on lui confia de moins en moins de cas « juteux », ce qui aggrava ses symptômes.

Comme nous cherchions à comprendre pourquoi les autres avocats avaient pris le pas sur elle, Julia m'expliqua avec résignation qu'ils constituaient une sorte de « club » ou de « mafia » dont elle était exclue et qu'elle ne pouvait rien y changer. En d'autres termes, elle se sentait impuissance à redresser la situation à son avantage. Lorsque je suggérai qu'elle disposait d'un plus grand pouvoir qu'elle ne l'imaginait, (ne serait-ce que celui de quitter le cabinet), elle ne se laissa pas convaincre.

Il n'est pas inutile de préciser que Julia est la seule fille d'une famille de six enfants. Son père régnait en maître sur le foyer qui révérait les garçons et dans lequel elle était « simplement la fille de la maisonnée ». Mon travail avec elle consista à l'aider à prendre ses marques et à développer d'elle-même une image suffisamment forte pour contrebalancer ce passé. Si j'échouais dans ma mission, je savais que la dépression aurait raison d'elle et entraverait à jamais ses chances d'améliorer sa situation présente ou de trouver un autre emploi dans lequel elle serait davantage respectée.

À l'instar de nombre de ses congénères, Juanita devait en priorité redéfinir sa propre notion du *pouvoir.* Son enfance lui avait enseigné que son père et ses frères étaient puissants et qu'elle ne possédait par conséquent aucun pouvoir. Après de multiples et longues discussions sur les différentes formes de pouvoir, Julia parvint à cette conclusion que le pouvoir ne se conjugue pas de la même façon au masculin et au féminin. En effet, pour une femme, il consiste moins à exercer un contrôle sur autrui qu'à prendre en main et à diriger sa propre vie. Une femme aveugle à son pouvoir s'interdit toute confiance en elle-même et perpétue le vécu de son enfance. Après plusieurs mois d'efforts, Julia réussit à exprimer ses besoins à sa famille et à ses supérieurs et à se libérer de la dépression. Elle avait enfin compris que son pouvoir consistait à imprimer elle-même à sa vie la direction qu'elle souhaitait lui voir prendre.

MES CONSEILS

- Redéfinissez votre pouvoir en prenant conscience de vos possibilités de l'exercer. Elles sont plus nombreuses que vous ne le croyez. Vous avez toujours le choix de dire « assez » quand vous vous estimez exploitée et d'opposer un « non » catégorique aux exigences indues. Le présent ouvrage vous invite à reprendre le pouvoir pour vous-même et sur vous-même.
- Convainquez-vous de la nécessité de réviser votre propre notion du pouvoir. Au besoin, prenez un engagement formel. Écrivez, par exemple, sur une feuille de papier : « Je suis aussi puissante que je choisis de l'être » ou « Mon pouvoir dépend de moi seule » et affichez-la près de votre bureau à un endroit visible de vous seule ou dans un porte-documents que vous emportez en réunion.
- Si quelqu'un déclare que vous avez du pouvoir, acceptez cette affirmation comme un compliment, même si vous n'y souscrivez pas totalement. Le temps vous fournira sans doute l'occasion d'y croire et vous finirez par l'intégrer à votre philosophie.

ACTION PRIORITAIRE ☐

Piège n° 95

Accepter le rôle de bouc émissaire

Éva est cadre à la direction du personnel chez un célèbre fabricant de jouets. Une employée vint la consulter pour solliciter son intervention dans un conflit avec son supérieur hiérarchique. Quelques jours plus tard, Éva recevait un appel du vice-président en charge des relations humaines, son propre patron ; il l'informait que le supérieur de la jeune femme (lui aussi vice-président de division) envisageait de licencier celle-ci. Éva proposa d'organiser une réunion de conciliation. Désireux de préserver son pouvoir, le vice- président des ressources humaines refusa, arguant du fait qu'il se chargerait en personne d'arranger l'entrevue. Éva, qui comprenait les enjeux politiques de la situation, accepta.

Les jours passaient. Toujours sans nouvelles, Éva appela son supérieur et laissa un message sur sa boîte vocale. Elle n'obtint pas de réponse. Elle lui adressa un courriel qui demeura également sans suite. D'après des informations fournies par d'autres membres du personnel, il semblait que la situation s'améliorait. Éva supposa donc que l'entretien prévu n'avait plus de raison d'être. Puis elle reçut un message du supérieur de l'employée qui insistait pour la rencontrer immédiatement. Éva se rendit à sa convocation et eut la surprise de constater que son patron y était également présent. Le patron de l'employée, furieux, reprocha avec véhémence à Éva de n'avoir pas organisé plus tôt de rendez-vous. Le supérieur d'Éva assista à l'affrontement sans intervenir. Éva ne réussit pas à calmer la rage de son interlocuteur qui déversa sa colère sur elle pendant une demi-heure en l'accusant d'incompétence.

Que faire dans une situation aussi délicate qu'injuste ? Si Éva avait révélé le rôle joué par son propre supérieur, elle aurait définitivement perdu son appui. En restant silencieuse, elle acceptait de passer pour un bouc émissaire. Entre deux maux, elle préféra le second, faute d'avoir le courage de subir les foudres de deux vice-présidents à la fois.

MES CONSEILS

- Arrangez-vous pour préciser avec tact et diplomatie que vous refusez le rôle de bouc émissaire. Éva aurait dû provoquer une conversation en tête à tête avec son patron à l'issue de la réunion, pour lui faire comprendre sa déception en constatant qu'il n'avait pas pris son parti. Sans se montrer agressive ou accusatrice, elle aurait pu formuler ses griefs ainsi : « Je suis navrée de ce qui vient de se produire. J'avais cru comprendre que vous souhaitiez organiser vous-même la réunion. Je vous ai d'ailleurs fait parvenir plusieurs messages en ce sens et je n'ai pas obtenu de réponse. » Son patron n'avait alors que deux choix possibles. En grand seigneur il aurait pu admettre sa culpabilité et s'en excuser. Ce qui s'avérait peu vraisemblable, sachant qu'il était resté coi et l'avait laissée supporter, seule, l'averse de reproches. Selon toute probabilité, il lui aurait rappelé qu'elle devait assurer elle-même le suivi de l'affaire. Le dialogue aurait permis à Éva d'indiquer qu'elle n'entendait plus à l'avenir jouer les boucs émissaires. Aurait-il pour autant garanti que pareille situation ne se serait plus jamais reproduite ? Rien n'autorise à l'affirmer – simplement, Éva aurait montré qu'elle n'était ni dupe, ni déterminée à endosser seule une injustice ou un blâme.
- Voici quelques phrases types susceptibles de vous être utiles :
  « Il n'est pas nécessaire de pointer un doigt accusateur ou de chercher quelqu'un à blâmer, je veux simplement que vous sachiez que je me suis contentée de suivre les instructions qui m'ont été données. Pourquoi ne pas plutôt aller de l'avant pour essayer de résoudre le problème ? »
  « Je ne vois aucun inconvénient à refaire ce rapport s'il ne répond pas à vos attentes mais j'attire votre attention sur le fait que je l'ai rédigé d'après les informations confidentielles que vous m'avez fournies. »
  « À l'avenir, je préférerais que nous nous réunissions pour revoir le processus ensemble. Apparemment, les services ne partagent pas tous la même vision de l'objectif final. »

ACTION PRIORITAIRE ☐

Piège n° 96

Accepter d'être mise devant le fait accompli

On réaménage votre service. Deux grands bureaux dotés de fenêtres et trois bureaux plus petits sans ouverture sur l'extérieur sont prévus pour loger le personnel de votre niveau hiérarchique. Lorsque le plan de redistribution de l'espace devient officiel, vous constatez qu'un petit bureau vous échoit alors qu'un de vos collègues masculins, arrivé après vous dans l'entreprise, bénéficie d'un grand bureau avec fenêtre. Vous prenez rendez-vous avec le responsable de la planification qui vous explique calmement : « C'est trop tard. Le plan a déjà été transmis aux services techniques. Ils vont brancher les lignes téléphoniques et installer les ordinateurs la semaine prochaine. »

Si vous acquiescez à ces arguments sans protester, cela signifie que vous acceptez le fait accompli. Celui-ci se définit comme « une décision irréversible ou prédéterminée ». Il constitue une technique vieille comme le monde, à laquelle recourent ceux qui n'ont pas l'intention de modifier leurs projets. Les femmes en sont les victimes consentantes : elles détestent l'affrontement et préfèrent accepter le fait accompli au lieu de le combattre. C'est également un outil de négociation éprouvé. Supposons qu'un litige vous oppose à une autre personne. La compagnie d'assurances de celle-ci vous envoie un chèque de dédommagement, avant même d'avoir pris contact avec vous. Elle table sur le fait que vous allez l'encaisser au lieu de vous lancer dans une procédure de contestation.

Les femmes se prêtent plus facilement à ce jeu que les hommes. En approuvant une évaluation de vos performances inférieure à ce que vous estimez ou en consentant à prendre vos congés à une date qui ne vous convient pas, parce que « c'est comme ça », vous vous rendez complice de ceux qui lèsent sciemment vos intérêts. Et comme la majorité des femmes, vous trouvez le moyen de rationaliser votre décision et vous finissez par penser qu'elle se justifie et qu'elle correspond à vos attentes. Ne vous laissez pas manipuler, reportez-vous aux conseils présentés à la page suivante pour apprendre à mieux négocier.

MES CONSEILS

• Défendez ce qui vous paraît important. Dans certains cas, il vaut mieux perdre une bataille pour gagner la guerre ; dans d'autres, il faut savoir rester inflexible sur ses principes.

• Accompagnez votre protestation d'une offre de solution. En ce qui concerne l'aménagement des bureaux, vous pourriez argumenter ainsi : « Mais il n'est pas trop tard, puisque les numéros de téléphone n'ont pas encore été transférés. Je propose que l'on tienne compte de l'ancienneté dans la répartition des bureaux. »

• Utilisez la tactique du « disque rayé » pour contrer un fait accompli. Répétez inlassablement vos arguments en les formulant chaque fois de manière différente. Le dialogue finira nécessairement par s'engager. Voici comment procéder :

Le responsable de la planification :
Trop tard, le plan a déjà été transmis aux services techniques. Ils vont installer les lignes téléphoniques et les ordinateurs la semaine prochaine.

Vous : Mais ce n'est pas trop tard. Les numéros de téléphone n'ont pas encore été transférés. Je propose que les bureaux soient répartis en fonction de l'ancienneté dans l'entreprise ou d'après des critères totalement objectifs.

Le responsable de la planification :
J'ai déjà envoyé les plans et les propositions de changement au service administratif.

Vous : Je suis consciente des contretemps que ma suggestion risque de provoquer mais rien n'est définitif pour le moment. Il est encore possible de procéder à des changements pour une répartition plus juste de l'espace de travail.

Le responsable de la planification :
Je n'ai vraiment pas le temps de modifier tous les documents.

Vous : Je serais ravie de vous aider à les refaire lorsque nous nous serons mis d'accord sur une redistribution plus équitable des bureaux.

Le responsable de la planification :
Je n'ai pas autorité pour modifier les projets.

Vous : Ne vous inquiétez pas pour cela. Je vais en parler aux responsables ou organiser une réunion de concertation.

La tactique du disque rayé ne permet pas toujours d'aboutir aux résultats voulus, mais elle constitue un outil de négociation appréciable, particulièrement si vous l'utilisez à froid, sans colère et sans esprit de revanche.

ACTION PRIORITAIRE ☐

Piège n° 97

Tolérer que les fautes des autres vous pénalisent

L'histoire suivante, une variation sur les thèmes du bouc émissaire et du temps perdu à cause des autres, illustre comment on peut volontairement se laisser pénaliser par le comportement irresponsable d'une autre personne. Maria était consultante interne, spécialiste des processus de modernisation dans une entreprise d'armement. Son travail lui imposait d'inspecter toutes les divisions du groupe. Un jour, elle devait se rendre dans une usine, afin d'évaluer les besoins. Avant sa visite, son patron lui précisa que la direction souhaitait simplement l'ébauche d'un programme de formation. Elle esquissa le projet et rencontra le directeur de l'usine qui se montra déçu de la superficialité de son offre. Il espérait un projet détaillé, dont la réalisation serait supervisée par Maria en personne. Cette dernière lui exprima son étonnement, arguant du fait qu'il s'agissait manifestement d'un malentendu compte tenu des directives reçues de son patron. Elle promit de vérifier avec celui-ci.

Lorsqu'elle lui téléphona, il l'engagea à se conformer aux exigences du directeur de l'usine. Maria était abasourdie. Elle avait planifié sa mission en tenant compte d'autres impératifs et n'avait matériellement plus le temps de préparer un projet plus complet. Quand son patron insista de nouveau sur la nécessité de répondre aux attentes formulées, Maria comprit qu'il lui faudrait sacrifier ses nuits et une partie de ses loisirs pendant plusieurs semaines. La négligence de son patron la plaçait dans l'embarras.

Maria possédait suffisamment de discernement pour savoir qu'elle devait coûte que coûte satisfaire la demande du directeur de l'usine. Elle était cependant décidée à ce que pareille mésaventure ne se reproduise plus. Elle aurait sans doute pu provoquer une discussion avec son supérieur. Mais elle souhaitait éviter la confrontation. Elle attendit donc et, lors de la mission suivante, elle lui déclara ceci : « Soyons parfaitement au clair quant aux exigences formulées ici – je ne veux pas me trouver dans une situation identique à celle que j'ai vécue il y a un mois, lorsque j'ai dû en toute hâte rebâtir un projet. » Puis elle récapitula le cahier des charges tel qu'elle le comprenait et ajouta : « Si, à mon arrivée sur le site, ma tâche se révèle plus complexe que prévu et nécessite plus de temps qu'il ne m'est alloué, pourrais-je compter sur votre soutien quand j'informerai le directeur de l'usine que nous devons rééchelonner son projet ? » Parfait ! Par son intervention, elle laissait entendre avec tact à son supérieur qu'elle avait peu apprécié ce qui s'était passé précédemment et qu'elle n'avait aucune intention de supporter les conséquences de son incapacité à définir les contours de sa mission. Sans prétendre lui dicter sa conduite, du moins s'efforce-t-elle d'éviter à l'avenir toute négligence dont elle subirait les conséquences.

MES CONSEILS

- Avant de chercher à satisfaire une exigence irréaliste causée par l'erreur d'appréciation de quelqu'un d'autre, pesez soigneusement les risques et les bénéfices potentiels. Il se peut, comme dans le cas de Maria, que vous n'ayez pas d'autre choix que de répondre à la demande du client, quel qu'en soit le coût pour vous. Dans certains cas, vous pouvez tenter de repousser l'obligation en invoquant, par exemple, l'argument suivant : « Cela ne correspond pas à ce que nous avons décidé. Je vais devoir réviser mes plans et consacrer davantage de temps au projet. Il me sera impossible de le réaliser dans les délais prévus initialement. »
- Avant de réorganiser votre travail pour rattraper l'erreur de quelqu'un, essayez de négocier un arrangement. Faites savoir à cette personne que vous êtes d'accord pour remplir le contrat mais que vous aurez besoin d'un délai et de ressources supplémentaires. Ne craignez pas de réclamer ce dont vous avez besoin pour effectuer correctement votre tâche.

ACTION PRIORITAIRE ☐

Piège n° 98

Prendre la parole en dernier

Voilà bien un problème typiquement féminin ! J'organise des formations à l'animation d'équipes, destinées tantôt à des femmes, tantôt à un public mixte. Il est un exercice que je pratique volontiers : je demande au groupe de résoudre un cas à l'aide de consignes volontairement ambiguës et j'observe les réactions de chacun. Tout au long de ces années passées à travailler avec des milliers de personnes, je peux compter sur les doigts d'une main le nombre de fois où une femme a pris l'initiative du débat dans un groupe rassemblant les deux sexes.

La plupart des femmes se mettent sur la réserve dès que des hommes sont présents. Dans une réunion restreinte comme devant une large assemblée, les individus qui interviennent les premiers sont davantage considérés comme des leaders potentiels que ceux qui s'expriment en dernier. Le courage d'ouvrir la discussion ne doit pas être considéré comme un signe d'arrivisme, une volonté de domination ou une marque de narcissisme. Si vous respectez les conseils proposés ci-dessous, personne ne pourra vous accuser de prendre la parole pour le simple plaisir d'entendre le son de votre propre voix. Quand vous avez une suggestion ou un commentaire à formuler, manifestez-vous sans attendre ; quelqu'un d'autre risque de vous devancer et de se voir attribué le mérite qui vous revient.

MES CONSEILS

- Lorsque vous vous trouvez dans un groupe, soyez parmi les deux ou trois premières personnes qui prennent la parole et intervenez ensuite toutes les dix minutes ou tous les quarts d'heure.
- Si vous ne réussissez pas à parler en premier, efforcez-vous du moins de n'être pas la dernière.

- Participer ne signifie pas nécessairement énoncer une opinion. Vous pouvez soutenir le point de vue d'un autre, poser une question pertinente ou apporter des éclaircissements sur un sujet lié au débat. Ce sont autant de moyens de témoigner de votre présence sans donner l'impression que vous intervenez uniquement pour le plaisir de vous écouter parler.

ACTION PRIORITAIRE ☐

Piège n° 99

Jouer la carte du sexisme

J'ai consacré une part importante de ma vie professionnelle à défendre la parité et l'égalité de traitement dans le monde du travail. À titre de spécialiste, j'ai mené des enquêtes sur la discrimination et traité de nombreuses plaintes pour accusation de sexisme et violation du *Rehabilitation Act*[1]. Dans plus de 90 % des cas, il ne s'agissait pas de discrimination à proprement parler mais plutôt de problèmes liés à une carence des autorités. Que je sache, l'incompétence et la médiocrité des manageurs ne constituent pas un crime. En outre, il existe des dispositions légales pour protéger les auteurs de plaintes pour discrimination contre d'éventuelles mesures de rétorsion. D'après mon humble expérience, l'accusation de sexisme n'a jamais accéléré la carrière de qui que ce soit, pas plus qu'elle ne l'a entravée ni favorisée.

Le sexisme est malheureusement une réalité que nombre de femmes expérimentent dans leur vie professionnelle. Sauf dans les cas extrêmes, où les preuves sont telles qu'il n'existe aucune contestation possible, les entreprises se battent pour protéger leur réputation, leurs dirigeants et leur personnel. Je me souviens avoir enquêté sur un cas au Texas, où la plaignante affirmait être l'objet de discriminations de la part de son patron en raison de sa qualité de femme. Elle l'accusait entre autres de l'agresser verbalement, de l'humilier, de la dénigrer vis-à-vis de ses collègues. Différents entretiens avec une vingtaine d'employés m'apprirent que le coupable potentiel agissait de manière identique avec *tout le monde*. L'entreprise bâtit tout son système de défense sur cette argumentation et gagna le procès. À l'issue de cette affaire, le manager en question ne subit aucune sanction. Il s'en tira avec un blâme de pure forme.

Dans une autre entreprise, une femme se plaignit auprès du service du personnel, au motif qu'elle ne bénéficiait pas du même traitement que ses collègues masculins en termes d'affectation et de promotion.

1. Loi américaine condamnant toutes les formes de discrimination.

Les résultats de mon enquête allèrent dans le même sens – rien à part le fait d'être une femme ne justifiait cette inégalité. Pourtant, l'entreprise donna raison à son supérieur. Ma cliente déposa une plainte auprès de la Commission d'accès équitable aux offres d'emploi (*Equal Employment Opportunity Commission*) mais avant même l'ouverture de l'instruction, elle fut licenciée sous un prétexte qui me parut pour le moins fallacieux. Il fallut presque une année à la Commision pour statuer sur son cas et rendre un verdict en sa faveur. Son employeur fut contraint de la réintégrer dans le personnel et de lui verser son salaire plein et des indemnités à titre rétroactif depuis la date du licenciement. La jeune femme retrouva son poste. Cependant comme vous l'imaginez sans peine, découragée par l'ambiance exécrable qui régnait au bureau, elle ne tarda pas à démissionner. Elle avait gagné une bataille mais perdu la guerre.

Même si elle ne va pas jusqu'à déposer plainte en interne ou auprès d'une autorité extérieure, une femme qui « fait du bruit » n'a jamais bonne presse. On l'évite comme une pestiférée. Petit à petit, l'entourage change d'attitude et prend ses distances. Loin de lui permettre d'obtenir l'égalité de traitement, sa revendication aboutit à l'effet inverse. Pour plusieurs raisons, l'argument du sexisme ne constitue pas un moyen de défense efficace. J'invite systématiquement les femmes qui me consultent à explorer d'autres alternatives avant de l'invoquer.

MES CONSEILS

- Avant de suggérer qu'il y a discrimination sexiste, abordez le problème sous un angle objectif. Identifiez les manifestations et non les causes. Si vous avez l'impression que l'on vous refuse une promotion parce que vous êtes une femme, ne précipitez pas les choses. Cherchez à connaître les raisons en interrogeant directement votre supérieur ou le DRH. et étudiez avec eux les autres postes auxquels vous pourriez postuler.
- Ne prétendez pas changer le système à vous seule. Vous risquez de finir en martyre sur l'autel de la parité. Si d'autres femmes se trouvent dans une situation identique à la vôtre, regroupez vos énergies afin d'analyser la question, de définir une problématique et de proposer des solutions concrètes.
- Réfléchissez longuement et mûrement avant d'invoquer la discrimination. Cette accusation n'est jamais prise à la légère par les entreprises. Certaines ont adopté à cet égard une politique de zéro tolérance et lancent immédiatement une enquête approfondie. Lorsque le dossier est ouvert, il devient impossible de revenir en arrière et d'arrêter le cours de l'investigation.
- Si le sexisme fait réellement obstacle à votre carrière, vous disposez de trois solutions : accepter la situation telle qu'elle est (ce que je déconseille fermement – vous y perdrez toute estime de vous-même), suivre les procédures en vigueur dans l'entreprise pour tenter d'y remédier (sachant que le résultat n'est pas toujours garanti), ou démissionner (c'est la seule option que vous maîtrisez totalement).

ACTION PRIORITAIRE ☐

Piège n° 100

Tolérer le harcèlement sexuel

Aucune femme au monde ne devrait jamais être soumise au harcèlement sexuel. Celui-ci se distingue de la discrimination sexuelle. On parle de discrimination lorsque certaines décisions sont prises en fonction du sexe de la personne concernée. Alors qu'il y a harcèlement quand une décision dépend de l'acceptation ou du refus de cette personne de se prêter à des exigences d'ordre sexuel ou de tolérer toute forme de pression morale, manœuvres d'intimidation, hostilité ou agressivité. Les femmes qui portent plainte pour harcèlement sexuel ne sont pas mises au ban de l'entreprise car les dirigeants intelligents savent parfaitement que cette action, rare au demeurant, est motivée par des raisons graves.

Les avocats spécialisés dans le droit du travail se réfèrent à la théorie de « la première tentative ». Supposons qu'un collègue vous propose de sortir avec lui. Vous déclinez poliment son invitation. Il a joué son vatout et a essuyé un refus ; toute autre tentative de sa part pourra dorénavant être assimilée à du harcèlement sexuel. Il n'est pas pour autant interdit d'entretenir des relations avec une personne de l'autre sexe en dehors du bureau. Mais la situation est différente lorsque l'auteur de « la première tentative » est un supérieur hiérarchique. La règle morale implique à cet égard une totale transparence ; si vous n'êtes pas consentante, faites-le savoir sans ambiguïté à l'intéressé.

MES CONSEILS

- Si vous êtes victime de harcèlement sexuel, la meilleure méthode de défense consiste à informer immédiatement le coupable que vous n'avez pas l'intention de tolérer sa conduite. En cas de harcèlement moral (hostilité, intimidation), adoptez la même tactique : faites savoir que les plaisanteries déplacées, les insinuations malveillantes et les commentaires humiliants doivent cesser. Dès l'instant où vous opposez un refus en disant « non » ou « ça suffit », toute attitude a priori socialement acceptable est considérée comme du harcèlement.
- Si le fautif persiste dans son attitude, référez-en au service des ressources humaines qui provoquera une explication probablement suffisante pour mettre un terme à ses agissements. Il est impératif de montrer dès le début que vous ne tolérerez pas plus longtemps la situation. Si vous avez fait preuve d'indulgence la première fois, les autres peuvent imaginer que vous étiez d'accord et que vous avez changé d'avis par la suite.
- Dans le cas où l'intervention du service des ressources humaines s'avère inopérante, envisagez de porter officiellement plainte pour harcèlement sexuel. L'entreprise diligentera une enquête approfondie. L'investigation peut se conclure par un avertissement verbal, par une mutation sur un autre site ou par un licenciement.

ACTION PRIORITAIRE ☐

Piège n° 101

Éclater en sanglots

Vous saviez, n'est-ce pas, que j'aborderais ce sujet tôt au tard ! Il n'est pas indispensable de posséder un doctorat de psychologie pour savoir que les femmes sanglotent de joie, de tristesse, de frustration, de colère, parce que le soleil brille, parce qu'il pleut… Inutile de poursuivre l'énumération. Le lieu de travail n'est pas l'endroit idéal pour pleurer, mais il arrive que l'émotion soit la plus forte. Vous avez certainement assisté à des scènes de larmes ; peut-être même en avez-vous été l'actrice principale ? Je vous propose ci-contre des conseils qui vous aideront à recouvrer votre dignité professionnelle après une crise de larmes ou, tout au moins, à en limiter les conséquences.

MES CONSEILS

- N'exprimez pas votre colère par les larmes. Les femmes pleurent souvent parce qu'on leur a enseigné que la colère est inacceptable chez une jeune personne bien élevée. Chaque fois que vous sentez les larmes déborder, demandez-vous : « Pourquoi suis-je en colère ? »
- Si vous éclatez en sanglots au bureau, excusez-vous et quittez la pièce. N'infligez pas aux autres une vision aussi pitoyable. Votre désarroi les met mal à l'aise. En vous absentant momentanément, vous les délivrez de leur embarras (ce qu'ils apprécient) et vous vous donnez la possibilité de reprendre vos esprits. Ayez toujours prête cette excuse standard : « J'ai bien compris ce que vous me dites. Accordez-moi du temps pour réfléchir avant de revenir vers vous. »
- Susan Picscia, psychothérapeute et coach, donne quatre conseils :
  1. Mettez des mots sur vos larmes, concentrez-vous sur le problème et non sur vos sentiments. Déclarez par exemple : « Comme vous le constatez, je réagis très fortement à

cette situation. Oublions cela et cherchons les moyens de parvenir à une solution. »

2. Ne vous laissez pas convaincre par le discours « humaniste » de certains organismes (hôpitaux, associations….) qui tiennent les larmes pour un outil thérapeutique. Pleurer en public est une marque de lâcheté et de faiblesse. Nous donnons aux autres l'impression de perdre le contrôle de nous-mêmes. Certes, nous aimerions croire qu'il existe dans le monde du travail une place pour ces émotions si vraies et si humaines. Mais ce n'est pas le cas. Les larmes suscitent des associations d'idées négatives, quel que soit le sexe auquel on appartient. Dans ce domaine, les femmes ne montrent d'ailleurs pas plus de compassion que les hommes.
3. Si vous vous laissez trop souvent ou trop aisément submerger par l'émotion, sollicitez l'aide d'une personne de confiance – amie, psychothérapeute ou coach. Nous pleurons parce que nous sommes en colère, angoissées, blessées, surchargées de soucis ou de travail, ou parce que la situation nous échappe. Si vous fondez facilement en larmes, vous êtes peut-être dominée par des pensées négatives ou alarmistes. Dans le monde du travail, il est rarement question de vie ou de mort ; tout problème trouve une solution raisonnable. Méfiez-vous de vos émotions : elles peuvent vous conduire à envisager le pire. Adoptez une attitude mentale positive face aux expériences éprouvantes et vous pleurerez moins.
4. Quand une personne attaque sans pitié votre point faible, résistez et répliquez sans vous sentir vexée. Abordez de front le sujet en suggérant par exemple : « Je ne crois pas réagir de manière excessive, je dis simplement que nous devons résoudre ce problème de surcharge de travail. »

ACTION PRIORITAIRE ☐

Annexe : Développement personnel, planification et ressources

Un objectif sans plan n'est rien d'autre qu'un rêve, et un plan sans objectif se résume à un passe-temps plutôt vain. Vous venez d'achever la lecture de ce livre, il importe maintenant de réfléchir au plan à mettre en œuvre pour atteindre vos objectifs. C'est là que le bât blesse… Vous affirmez que vous allez changer votre manière d'agir. Or, tout est question d'engagement.

Parcourez à nouveau chaque chapitre et examinez les actions que vous jugez prioritaires. Avant de compléter le plan de développement proposé page suivante, identifiez les points communs à toutes ces actions, regroupez ces dernières en trois ou cinq comportements fondamentaux. Notez par écrit les moyens que vous comptez mettre en œuvre pour tenir vos engagements. Vous n'aurez pas ainsi investi en pure perte le temps que vous avez consacré à la lecture de ce livre, ni dépensé inutilement de l'argent pour l'acquérir. Laissez-vous guider dans votre démarche par l'exemple proposé à titre de modèle.

Résistez à la tentation de vouloir modifier tous vos comportements simultanément. Multiplier les bonnes résolutions peut se révéler contre-productif. Ce n'est pas le nombre des changements qui compte mais le choix des attitudes qu'il importe de corriger. J'ai eu l'occasion d'interviewer Julie Anthony, qui a remporté le tournoi de Wimbledon et entraîne maintenant plusieurs joueuses professionnelles. Alors que je l'interrogeais sur les secrets d'un changement réussi, elle me répondit qu'il suffisait de se concentrer sur un objectif précis pour que le reste suive. Ainsi, elle ne conseille jamais à une joueuse de corriger simultanément sa prise de raquette, son positionnement et son coup droit. En travaillant uniquement sur la prise de raquette, la joueuse trouve d'elle-même le positionnement adéquat et améliore spontanément son coup droit.

Cette recommandation vaut également pour vous. Ne cherchez pas en même temps à modifier votre style oratoire, à perdre l'habitude de vous excuser sans cesse, à affermir votre poignée de main et à gérer votre garde-robe comme une professionnelle de la mode. Fixez-vous une priorité et respectez-la scrupuleusement. Le temps passant, vous observerez que des changements se produisent insensiblement dans tous les domaines. Il est important de vous en tenir à des groupes de trois à cinq actions car, lorsque vous maîtriserez la première, vous pourrez la rayer de votre liste, aborder la deuxième, puis la troisième et ainsi de suite…

Vous noterez l'existence d'une colonne « Ressources ». Reportez-y les références documentaires (livres, journaux, revues) et les informations sur les stages et les formations susceptibles de vous aider. Sélectionnez ensuite au fur et à mesure celles qui paraissent adaptées à vos impératifs du moment et à vos possibilités d'action. Ne vous mettez pas volontairement en situation d'échec. Ce n'est pas un régime amaigrissant. Faites preuve de réalisme : efforcez-vous d'atteindre l'objectif mais ne placez pas la barre trop haut au risque de renoncer au bout d'une semaine.

Rappelez-vous enfin que toute progression suit ce schéma classique : deux pas en avant, un pas en arrière. Tout au moins, si j'en crois mes clientes. Au début, vous avez l'impression que vous n'arriverez jamais au bout du voyage. Et peu à peu, vous acquérez cette seconde nature que je nomme « la compétence inconsciente ». Lao-Tseu, le philosophe chinois, disait ceci : « Tout périple de mille kilomètres commence nécessairement par un premier pas. »

C'est par ce message d'encouragement et d'espoir que je prends congé de vous. J'ai éprouvé un immense plaisir à partager avec vous ma propre expérience, celle de mes clientes et de mes pairs. Je serais ravie de connaître vos remarques, l'histoire de votre réussite, le récit de vos difficultés. Vous pouvez me joindre par courriel à l'adresse suivante : *info@corporatecoachingintl.com*. Tout courrier qui m'est adressé reçoit une réponse (même si celle-ci est quelque peu tardive). N'hésitez pas à m'écrire. Vos questions méritent une réaction de ma part. Je saurai apprécier à leur juste valeur vos commentaires et vos critiques.

PLAN DE DÉVELOPPEMENT PERSONNEL

Action prioritaire	Engagement	Date de début	Ressources
M'exprimer avec davantage de concision.	Après chaque réunion, demander l'avis de Mélanie sur la façon dont je me suis exprimée. Réfléchir mûrement à ce que je vais dire avant de prendre la parole.	Le 1er octobre	Lire un livre sur « comment s'exprimer en public ».

Le coaching

À l'évidence, je suis une ardente partisane du coaching. J'ai constaté par moi-même qu'il permet à des hommes et à des femmes déjà très performants d'atteindre un niveau d'excellence qui les distingue de leurs pairs. Des clients potentiels m'interrogent souvent sur le pourcentage de réussite du coaching pour ceux qui en bénéficient. En ce qui concerne notre cabinet, les statistiques indiquent qu'environ 60 % de nos clients obtiennent une promotion dans l'année qui suit notre intervention. 10 % quittent leur poste et/ou leur employeur pour accéder à une position ou être recrutés par une entreprise qui correspondent davantage à leurs aspirations. 10 % conservent leur situation antérieure et enregistrent de réels progrès qui ne leur permettent cependant pas d'être considérés comme des hauts potentiels. Enfin, dans 10 % des cas environ, nous ne notons aucun changement. Cette stagnation peut être due à un manque d'engagement de la part du client ou à d'autres facteurs.

Plusieurs éléments contribuent au résultat obtenu. En tout premier lieu, celui-ci : qui prend en charge les séances de coaching ? Est-ce le client lui-même ou son entreprise ? Lorsque la seconde option prévaut, la pression et l'obligation de résultat pèsent moins sur le candidat. Autre facteur déterminant : le client occupe-t-il une fonction qui lui convient ? Dans la négative, aucun soutien ne lui permettra d'atteindre son potentiel optimal. Quels sont les objectifs visés par le processus ? S'il s'agit d'obtenir une promotion, les probabilités d'être promu augmentent. Si le client espère améliorer ses réalisations dans l'exercice de sa fonction actuelle, il y parvient généralement.

La personnalité et l'expérience du coach jouent un rôle capital. Au cours de la dernière décennie, l'activité de coaching a littéralement explosé et suscité de nombreuses vocations. Cette discipline ne s'est organisée en associations professionnelles et n'a commencé à adopter un code de déontologie que depuis cinq ans environ. Les praticiens se sont multipliés. Certains sont d'excellents coachs, d'autres ne possèdent pas une expérience suffisante du monde de l'entreprise pour aider leurs clients à en dominer toutes les subtilités. Ce métier, comme tant d'autres, rassemble des personnes au vécu professionnel et aux compétences divers. Avant d'investir dans les services d'un coach, je vous conseille de lui poser les questions suivantes :

- Depuis combien de temps exercez-vous ?
- Quelle profession occupiez-vous avant de devenir coach ?
- Possédez-vous des diplômes ou des accréditations spécifiques ?
- Êtes-vous membre d'une association professionnelle ?
- Avant que nous commencions à travailler ensemble, pourriez-vous me communiquer, à titre de références, les noms et les numéros de téléphone de clients actuels ou de personnes qui ont fait appel à vos services ?
- Quelles sont les prestations incluses dans vos tarifs ?
- Quel est votre domaine d'intervention privilégié ?
- Avez-vous déjà été salarié d'une entreprise ou avez-vous essentiellement travaillé en tant que consultant indépendant ?

Les réponses à ces questions vous révéleront si vous avez affaire à un professionnel chevronné ou à un nouveau venu qui possède une expérience limitée de l'entreprise. J'estime pour ma part que la connaissance du monde des affaires est un point crucial, dont je tiens systématiquement compte lorsque j'engage un professionnel du conseil. Un grand nombre de psychologues s'installent actuellement comme coachs indépendants, sans posséder toujours une pratique suffisante pour comprendre les dynamiques à l'œuvre dans le monde du travail. Ils ont certes les qualifications nécessaires pour vous aider à résoudre vos problèmes relationnels et à gérer votre stress mais ils ne sont pas suffisamment au fait de la réalité de la vie dans l'entreprise pour vous permettre de maîtriser toutes les finesses qui conditionnent la réussite.

Les ateliers et les formations

Comme pour les coachs, en matière d'ateliers et de formateurs, on rencontre toute la gamme de la qualité, du pire à l'excellent. Si vous avez participé à une formation, il est probable que vous figurez déjà dans le fichier des nombreux organismes qui proposent des stages en groupes. Un certain nombre de sociétés offrent uniquement des séances individuelles destinées aux salariés qui paient eux-mêmes les interventions. Entre ces deux options, je vous conseillerais de choisir les cours conçus sur la demande de votre entreprise car il est préférable que l'animateur connaisse ses spécificités et ses exigences, afin de bâtir un programme présentant toutes les conditions de réussite. Certains prestataires ont élaboré des programmes remarquables dans des domaines ciblés.

Avant de vous engager dans une formation, n'oubliez pas qu'elle doit avoir pour but d'accroître vos compétences particulières. Vous trouverez ci-dessous quelques conseils qui vous permettront de retirer le bénéfice maximal de votre stage :

- Définissez les objectifs à atteindre et les compétences que vous souhaitez acquérir.
- Asseyez-vous dans les premiers rangs. Vous mobiliserez plus facilement votre attention et attirerez celle de l'animateur.
- Participez pleinement et activement aux exercices. En tant que formatrice, j'ai constaté que les participants qui jouent le jeu à fond sont aussi ceux qui obtiennent les résultats les plus spectaculaires.
- N'ayez pas peur de poser des questions., surtout celles qui vous concernent tout particulièrement. Les responsables de formations apprécient les participants qui s'efforcent d'appliquer concrètement les théories apprises au cours.
- Préparez un résumé des principaux thèmes traités, de façon à les partager ensuite avec vos collaborateurs et votre équipe. Le fait de vouloir transmettre vos connaissances vous motivera d'autant et influera sur la manière dont vous abordez le stage.
- À l'issue de celui-ci, remerciez votre supérieur de vous avoir accordé cette possibilité et discutez avec lui de vos nouveaux acquis. C'est la garantie la plus sûre de pouvoir, à l'avenir, bénéficier d'autres formations.

Dépôt légal : mars 2008
IMPRIMÉ EN FRANCE

Achevé d'imprimer le 25 mars 2008
sur les presses de l'imprimerie «La Source d'Or»
63200 Marsat
Imprimeur n° 10258